田口久人
Hisato Taguchi

TOEIC®テスト 20分間勉強法

たった
3ヵ月で805点!
1年で920点!

さくら舎

はじめに

「英語ができるようになりたい」

一度は考えたことはないでしょうか。とはいえ、それぐらいの気持ちではなかなか勉強が続きません。まさに私がそうだったからです。学生時代には英会話学校に通ったり、資格試験に挑戦したりしたこともありましたが、語学力は思うように向上しませんでした。いつしか「英語なんて必要ない」と自分に言い聞かせて、英語の勉強から遠ざかっていました。大学を卒業して、仕事を始めると、全く英語に触れる機会がありませんでした。

そのような私ですが、TOEICの勉強を始めるきっかけがありました。就職支援をしていたときのこと。指導する大学生よりTOEICの点数が低かったことがありました。学生の履歴書、エントリーシートについて添削していると、TOEICで高得点を取得している学生が多く、なかには「TOEIC900点以上」取得していた学生もいました。あなたもまわりにいる部下（年下の人）のほうがTOEICのスコアが高いことはありませんか。

そのようにしてTOEICで高得点を取得している学生を指導しているうちに今の自分の語学力がどれくらいなのか気になりました。**そこで7年ぶりにTOEICの試験を受験しました**。その1ヵ月後、TOEICの結果が郵送されてきたのですが、スコア表を見ると**「645点」**。

よく新卒の就職活動では履歴書でTOEICの資格を書く場合、

「TOEIC730点以上であれば多少評価される」と言われますが、企業から評価されるような点数ではありませんでした。

「学生に『TOEIC730点以上取得したほうがよい』と指導しているのに自分自身が取得していなければ恥ずかしい」

と思い、本格的にTOEICの勉強をすることを決意しました。とはいえ、**仕事しながら、英語の勉強をするのは大変です。**そこで、勉強を始める前にTOEIC高得点を取得している人がどのように勉強しているのか研究しました。具体的にはTOEIC関連の参考書を読み、高得点を取得している大学生にヒアリングを実施しました。すると、調べていくうちに、

「毎日1時間以上勉強し、土日は4時間以上勉強する」
「留学中に8時間以上勉強した」
「睡眠時間を削って、勉強時間を作っていた」

など、根性論的な勉強法が多く、到底真似できるものではありませんでした。このとき、改めて「語学に近道がない」ことを痛感しました。とはいえ、当時の私は睡眠、休日を削ってまで、英語を勉強するほど情熱はありません。最低730点以上取得できればよいだけです。もしかすると、会社から目標点数を取得するように言われた人なら私の気持ちがわかってもらえるかもしれません。

そこで、**「無理せずに効率的に勉強できる方法はないか」**と考

えました。TOEICの勉強時間よりも**「どうしたら勉強しないで高得点を取得できるか」**考えた時間のほうが多いかもしれません。私が学んだNLP（アメリカの心理学）を活用し、短時間でTOEICの目標点数をとれる勉強方法を考案しました。それが「20分間勉強法」です。

その方法を実践し始めると、1ヵ月後には675点、2ヵ月後には765点を取得。勉強を開始した当初の目標を達成しました。結果が判明したときにはすでに次の試験も申し込んでいたために3ヵ月連続して受験することに。するとさらに点数がアップし、**805点**を取得することができました。**3ヵ月で160点アップです。**

スコア推移

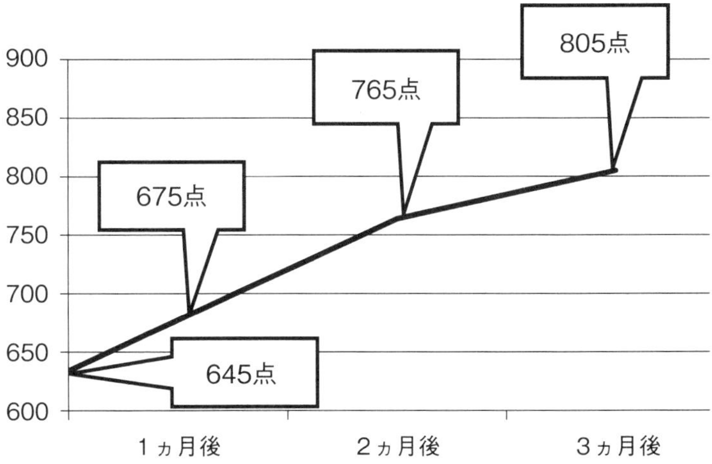

目標の点数を取得するまでに、必死に勉強することも、何かを犠牲にして勉強することも、一切していません。普通に仕事をしながら、無理することなく、いつの間にか目標の点数を取得することができました。

その後、一度はTOEICの勉強をやめたものの**「20分間勉強法」を継続し、無理することなく、920点を取得することができました。**これまで留学経験もなく、**英語にコンプレックス**があった私にとって自信になりました。とはいえ、私よりも高得点を取得している人はたくさんいますし、誇れる実績であるとは思っていません。

それでも「無理することなく短時間で目標の点数を取得してほしい」「TOEICの点数でチャンスをふいにしてほしくない」という想いで本書を執筆しました。

現在、就職活動ではもちろんのこと、転職活動、昇進でもTOEICの点数が求められるようになっています。特に転職活動においては800点以上取得しないと、書類選考で足きりになってしまうことさえあります。求人情報に「歓迎要件：TOEIC800点以上」「英語での実務経験（TOEIC800点以上）」と明記されていることさえあります。

●採用、昇格・昇進、海外赴任で評価・必要とされる点数

	採用	昇格・昇進	海外赴任
850以上	NTTコミュニケーションズ		
800以上	住友不動産 野村不動産		日本マクドナルド
750以上		丸紅（入社5年） 三井物産（入社3年） 三菱商事（課長クラス） 楽天（上級管理職）	
730以上	ソフトバンク	住友商事（管理職）	住友商事 双日 丸紅 三井物産 三菱商事
700以上	NTT東日本 ファーストリテイリング 三菱電機 ヤマト運輸	伊藤忠商事（入社4年） シャープ（課長職） ファーストリテイリング（本部管理職）	伊藤忠商事 資生堂 シャープ みずほ証券
650以上	アサヒビール 佐川グローバルロジスティクス シチズンホールディングス	双日（主任クラス） ソニー（係長級・課長級） ブリヂストン（開発企画職上級）	
600以上	出光興産 王子製紙 大正製薬 大和ハウス工業 ニトリホールディングス	住友林業（係長） マツダ（課長職）	キヤノン 大成建設

「週刊ダイヤモンド」2011/01/08をもとに作成

本書は本当に語学力を身につけたい人にはあまりおすすめできませんが、このように思っている方におすすめです。

□ 会社の都合で（昇進のために）TOEICの勉強をしなければならない
□ 仕事が忙しくて勉強する時間がなかなかとれない
□ 就職活動、転職活動で不利になりたくない
□ 時間をかけずに効率的に800点を取得したい

TOEICで目標の点数を取得するための公式を紹介します。

> 「戦略」×「集中力（モチベーション）」×「効率（時間）」
> ＝目標達成

どれ1つも欠かせません。すべての要素が揃ったとき、あっさりとあなたの目標点数を取得することができます。本書ではすべて網羅し、**1章**ではTOEIC800点以上を取得するための「戦略」。**2章**ではこれまでの勉強の無駄を徹底的に省いた「タイムマネジメント」。**3章**では勉強する上で避けられない「モチベーションを維持する方法」。**4章**ではTOEICの準備、**5章**では本番対策について紹介します。

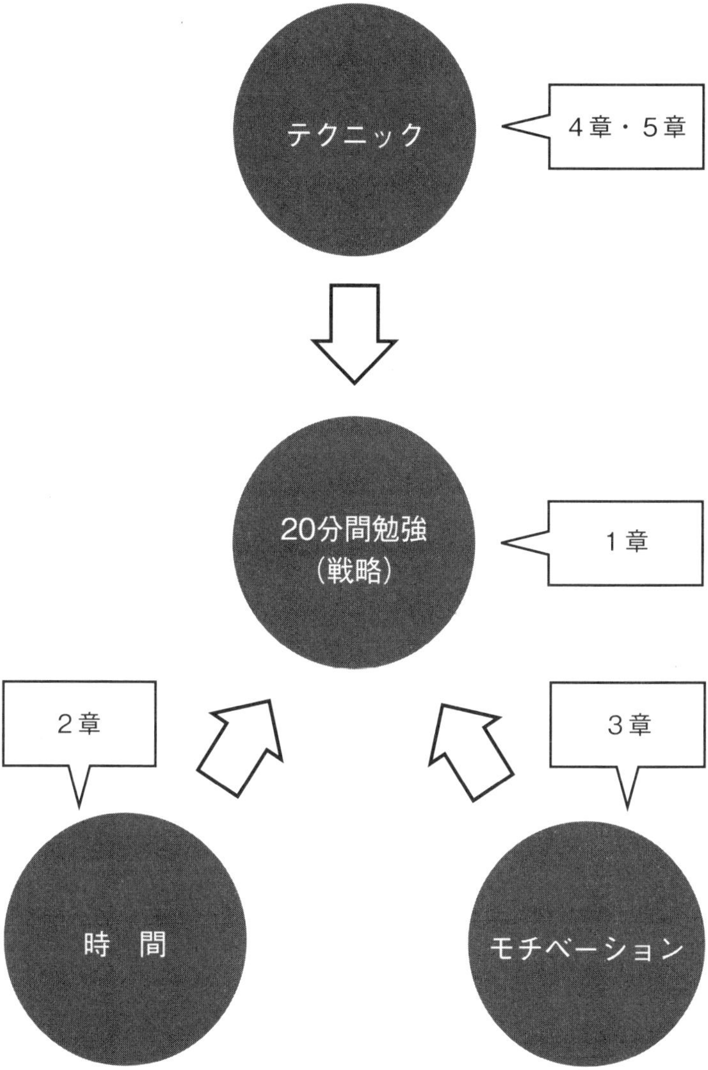
テクニック
4章・5章
20分間勉強
（戦略）
1章
2章
3章
時　間
モチベーション

CONTENTS

CONTENTS

CONTENTS

TOEIC®テスト20分間勉強法
たった3ヵ月で805点！
1年で920点！

1章

基本・戦略

1回20分以内で勉強する

TOEICの内容はリスニングとリーディングの2つのセクションに分かれ、リスニング時間は45分（100問)、リーディング時間は75分（100問）で構成されています。

リスニング・セクション　100問（45分）

パート1	写真描写問題	10問
パート2	応答問題	30問
パート3	会話問題	30問
パート4	説明文問題	30問

リーディング・セクション　100問（75分）

パート5	短文穴埋め問題	40問
パート6	長文穴埋め問題	12問
パート7	読解問題（1つの文章）シングルパッセージ	28問
	読解問題（2つの文章）ダブルパッセージ	20問

毎日、本番と同じようにすべてのパートについて勉強できればよいですが、なかなか時間がとれないものです。本番と同じように勉強すれば最低2時間かかります。また、いざ、「TOEICの勉強を頑張ろう」と思い、張り切って勉強しても、三日坊主で終わってしまう人も多いものです。

その原因として「勉強量」や「勉強内容」など自分のレベルより高すぎる場合が考えられます。**勉強を開始したころはやる気があるため、何とか頑張れますが、継続するのは難しいものです。**人間には生体の状態を一定に保つ「ホメオスタシス」という性質があります。一度でも英語の勉強をおろそかにすると元に戻り、勉強しなくなります。「語学力」は「筋肉」と同じです。使用し続けないと衰えていきます。途中で勉強を投げ出すとすべての努力が無駄になることさえあります。

まず、TOEICの勉強をする際にはハードルを低くしても、継続することを優先します。私は**「1日最低20分勉強すること」**でした。毎日、勉強を継続していると習慣になり、反対に英語の勉強をやめられない瞬間がやってきます。よく継続するポイントとして「3」が挙げられます。3日、3週間、3ヵ月、これらを目安として勉強を継続します。20分で勉強できるように、勉強量を5つに分けます。

「パート1,2（1～40）」
「パート3,4（41～100）」
「パート5,6（101～152）」
「パート7読解問題（153～180）」
「パート7読解問題（181～200）」

リスニング問題は合計45分になりますが、ディレクション（問題の説明についての音声）を聞かずに勉強すると「パート

1,2」「パート3,4」はそれぞれ20分程度になります。また、「パート7読解問題（1つの文章）」は28問ありますが、最初の問題（153～163ぐらい）は難易度が低いため、勉強に慣れてくると20分程度で解けるようになります。このように5つに分けて、20分間勉強することにはさまざまなメリットがあります。

❶ 集中力が持続すること

予備校や学校の授業は集中力が維持できるように「50分」で構成されていることが多いですが、それよりも時間は短いため、集中力を持続させることができます。

❷ 時間の調整が利くこと

どんなに忙しい人であっても、20分ほどの時間であれば、時間の調整が利きやすいはずです。睡眠、お昼休みなどの時間を削らなくても、無理することなく勉強できます。

❸ 自然と20分以上勉強してしまうこと

一度取り組んでしまえば集中力が持続し、自然と20分以上勉強してしまうこともあります。作業を始めてみるとだんだん気分が盛り上がってきて、やる気が出てくることを「作業興奮」と言います。

4 スピード感が身につく

時間が限られているため「緊張感」を持って勉強することができます。だらだら勉強するよりも勉強の効果が高くなります。最初のうちは20分で勉強するのは難しいかもしれませんが、常に時間を意識して勉強することで学習スピードが速くなってきます。例えば、リスニングの場合。1.5倍速で問題を聞くようになると、問題を解いて、答え合わせをしても**「20分以内」**に終わるようになります。

TOEICで800点以上を取得するようになると、これだけでは足りなくなる場合もあります。しかし、それらの勉強をするときも「20分」しか取り組みません。

もしも、時間に余裕があれば、復習したり、弱点の克服をするための勉強をします。**朝20分、夜20分勉強できるのがベストです。**それでも今までに私が1日に勉強した最高時間は「1時間(20分×3回)」でした。**どのような状態であっても、毎日、TOEIC（英語）に触れる機会を作ることが大切です。**自分の弱点、仕事状況によって、勉強法を組み合わせて取り組みます。詳しい勉強法は後ほどご紹介します。

《仕事が忙しいとき》

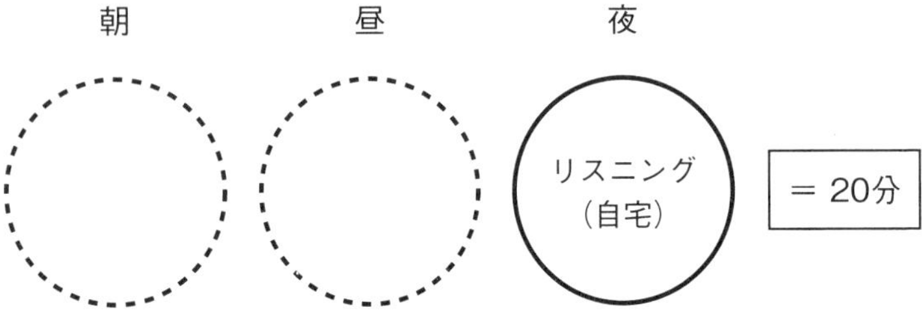
朝
昼
夜
リスニング
（自宅）
＝ 20分

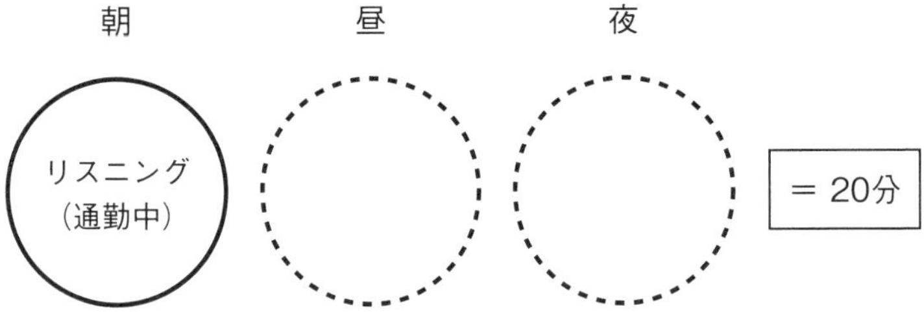
朝
昼
夜
リスニング
（通勤中）
＝ 20分

《通常》

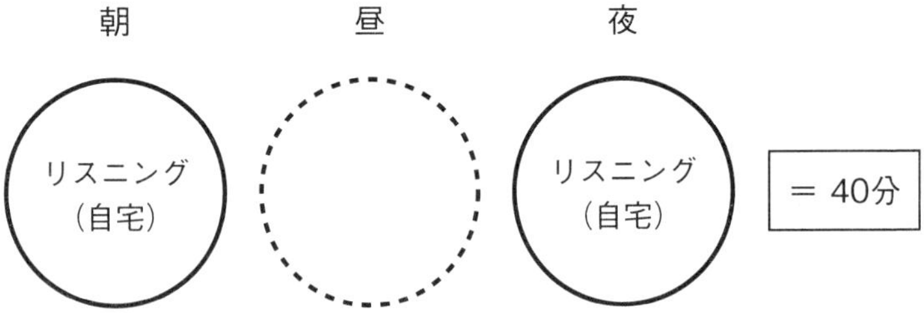
朝
昼
夜
リスニング
（自宅）
リスニング
（自宅）
＝ 40分

《苦手なものを克服する場合》

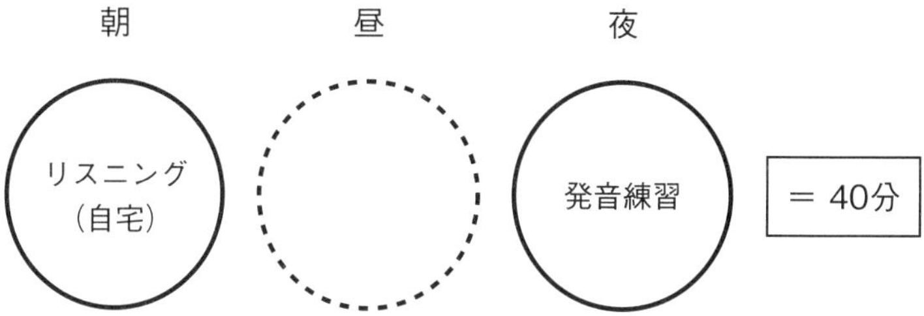

《テスト前》

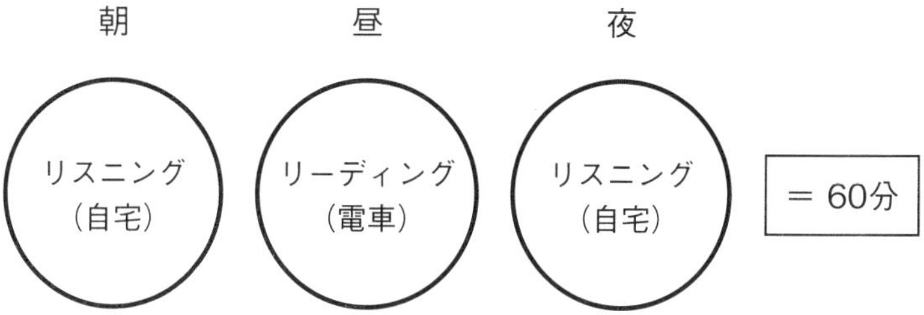

公式問題集に取り組む

TOEICで確実に点数を伸ばすには、出題傾向や解答のポイントを体で覚えることが大切です。そのためには実際の問題を繰り返し解くことが大切ですが、TOEICの過去問題は公開されていません。唯一、正確に過去のデータに基づいた教材が「TOEIC® テスト新公式問題集」。2012年時点で5冊出版されていて、現在の問題方式に対応しているのはVol.2以降の問題集になります。リスニングの問題集で公式問題集に勝るものはありません。

TOEIC® テスト新公式問題集 Vol.5

試験形式だけではなく、試験の音声も同じです。リスニング・セクションではナレーターの発音に慣れているかどうかも大切です。イギリス、アメリカ、カナダなど、さまざまな国の人が担当しているため、出身国のなまり、個人のくせがあるからです。

できれば、リスニング問題を朝、夜、繰り返し聞きます。同じ教材ばかり勉強しないほうがよいです。なるべく答えを覚えないように4冊購入し、Vol.5、Vol.4、Vol.3、Vol.2というように順番に取り組みます。Vol.2まで解き終わったら、またVol.5を解きます。もしも、時間に余裕がなければ、現在のテストのレベルに一番合っている「最新版」のみ取り組みます。

1周して再び問題集を解くと、新鮮な気持ちで勉強にのぞむことができます。とはいえ、何周もして勉強していると答えを記憶してしまう問題も出てくるかもしれません。それでも毎回、初めて解くような気持ちで勉強にのぞみましょう。**「正解すること」を目的とするより、「TOEICの出題パターンとポイントを体に覚えさせること」を目的としてください。**解答する際には常に選択した解答の根拠が言えるぐらいまでのレベルになれば十分です。

TOEIC関連の参考書は実際の問題を想定して作成されているため、公式問題集にはかないません。これからTOEICを始める人であれば、1冊目に購入することをおすすめします。

□ 公式問題集に取り組んでいますか？

リスニング中心に勉強する

リーディングよりもリスニングを中心に勉強します。なぜなら、**リスニングのほうがリーディングよりも点数が伸びやすいからです**。実際にTOEICで高得点を取得している人はリーディングよりもリスニングのほうが点数が高い傾向にあります。

その理由はTOEICテストの点数の算出方法にあります。標準偏差をもとに点数を算出するため、受験者全体の力が個人の点数に影響します。日本人は受験勉強の影響なのか聞くことよりも読むことが得意な人が多く、リーディング・セクションでの点数のばらつきが少ない傾向にあります。反対にリスニング・セクションでは点数のばらつきが大きいのです。

もっと具体的に言えば、リーディングで満点をとるためには1、2問しか間違えられない場合が多いですが、リスニングではそれ以上問題を間違えても満点をとれる場合があります。また、リスニングの問題文を見るとわかりますが、リーディングの問題と比べると簡単な文章ばかりです。もしも、あなたが英文法をある程度知っていて問題を聞き取ることさえできれば解答しやすいはずです。

□ あなたはリスニングを優先して勉強していますか？

発音の練習をする

もしも、公式問題集に取り組んでリスニングの勉強をしても、なかなか問題を聞き取れない場合。リスニングの基礎を鍛えることから始めてもよいでしょう。リスニング力を向上させるために重要なのが「発音」です。**自分で発音できない単語、知らない単語を正確に聞き取ることはできません。**まず、正確な発音をマスターしましょう。おすすめが「英語耳」です。

英語耳 発音ができるとリスニングができる

英語を構成する43の母音や子音の発音について解説された本です。特にリスニング問題で聞き取りづらい「連音・消音・弱音・変化音」について学ぶことができます。

連音　get up, look at
*単語の最後の子音と次の単語の母音がつながる
消音　talk about
*語尾の破裂音（[t]）が消える
弱音　animal
*あいまいな母音（[ə]）は消失気味になる
変化音　take it easy
*英語の「t」は「リ（テイキリージ）」のように聞こえる

これらは単語の意味を知っていたとしても聴き取れないことが多く、リスニング力が身につかない原因となっていることが多いのです。私は何度も「英語耳」のCDを聴いて発音することで克服しました。

CDに収録されている歌を練習しなければ、1回CDを聞くのに20分ぐらいしかかりません。単調な発音ばかりであるため、他のことをしながらでも練習できます。ストレッチをしながらでも、インターネットサイトを見ながらでも大丈夫です。私はこれまで100回以上声に出して練習し、今ではCDの音が聞こえる前から発音できるようになっています。

□ リスニングの問題が聞き取れていますか？

リーディングは余った時間で対応する

リスニングを勉強する以外に時間があれば、リーディング（パート5,6,7）対策を行います。TOEICは大学受験で英文法を学んだり、大学で英語の授業を受けたりした人であれば、TOEICの出題パターンに慣れるだけである程度は解けるようになります。あとはビジネスで使用される英単語を知っているかどうかです。また、いくら勉強してもリーディングの点数は伸びない傾向にあります。特にパート5は英文法を知っているかどうか、ボキャブラリーがあるかどうかが点数を左右することがあり、毎日勉強したからといって、すぐに点数に結びつくとは限りません。

なるべくスキマ時間を見つけてリーディング問題に取り組みましょう。20分ほど勉強できれば十分です。もしくは、「試験の1週間前」に集中的に勉強するのもよいです。そのときは**必ず「本番のスピード」を意識して取り組んでください**。特にリーディングは「スピード」が大切です。リスニング力が身につくと、英語を日本語に変換せずに、英語のまま理解できるようになり、問題が解きやすくなっていることもあります。

もしも、英文法に苦手意識がある人はTOEICのリーディングに特化した本に取り組みましょう。例えば、「TOEIC®テストPart 5＆6を1問20秒で解けるようになる本」はおすすめです。

TOEIC®テストPart 5&6を1問20秒で解けるようになる本

パート5＆6の出題パターンを紹介した本です。TOEICに出題される必要な文法が効率的に学べるだけでなく、熟語、コロケーションなど語彙力もつきます。コロケーションとは単語と単語のよく使われる組み合わせ、自然な語のつながりのことを言います。例えば、「conduct（行う）」と「survey（調査）」は試験でよく見られる組み合わせです。問題に「survey」とあり、選択肢に「conduct」があれば、それが正解である可能性が高いのです。**コロケーションを知っておくと解答するスピードがアップします。**

私の場合、現在完了形、前置詞 の使い方が苦手だったため、「ハートで感じる英文法」を読んで勉強したこともあります。イメージで前置詞を覚えるため、とてもわかりやすいです。

□ あなたはリーディングの勉強をいつしますか？

朝、夜に こうやって勉強する

人の記憶には2種類あり、短期記憶と長期記憶があります。まず、勉強をすると情報は短期記憶として脳に記憶されます。しかし、短期記憶は新しい情報が得られると、古い情報はかき消されてしまうという特徴があります。反対に長期記憶は何年たっても脳に残ります。つまり、勉強したことを無駄にしないためには短期記憶を長期記憶に変えることが大切です。

記憶した情報が短期記憶から長期記憶に移し替えられるときは眠っているとき。脳はあなたが眠っている間も活動しています。**特に眠る直前に勉強したことはほかに新しい情報が入らないこともあり、記憶に定着されやすくなります。**さらに記憶を定着させるためには朝起きて、夜に解いた問題をもう一度解きます。

例えば、夜にパート１～２を解いたら、次の日の朝も同じパート１～２の問題を解きます。その日の夜はパート３～４を解き、次の日の朝は同じパート３～４を解きます。毎日、パート１～４まですべてのリスニング問題を解くようにします。

□ あなたは睡眠を活用していますか？

《勉強1日目》

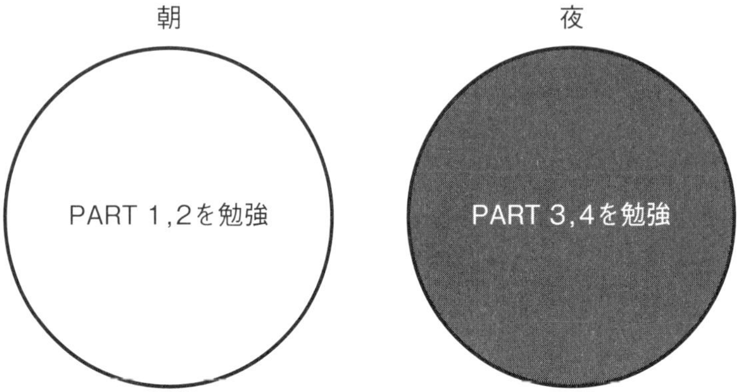

《勉強2日目》

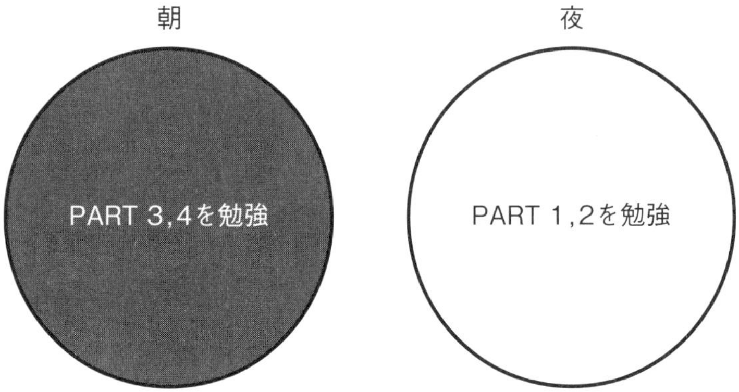

実際にどのように勉強してきたのか、私の1週間のスケジュールを紹介します。

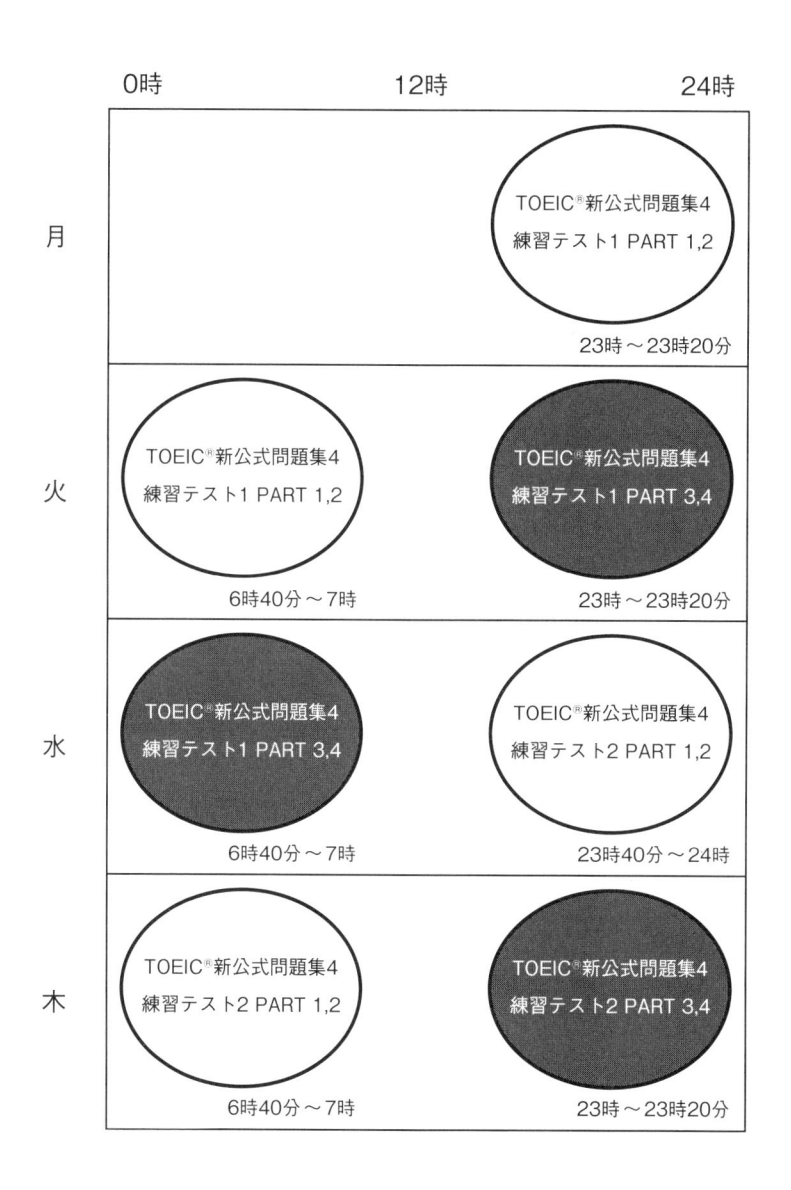

	0時	12時	24時
月			TOEIC®新公式問題集4 練習テスト1 PART 1,2 23時～23時20分
火	TOEIC®新公式問題集4 練習テスト1 PART 1,2 6時40分～7時		TOEIC®新公式問題集4 練習テスト1 PART 3,4 23時～23時20分
水	TOEIC®新公式問題集4 練習テスト1 PART 3,4 6時40分～7時		TOEIC®新公式問題集4 練習テスト2 PART 1,2 23時40分～24時
木	TOEIC®新公式問題集4 練習テスト2 PART 1,2 6時40分～7時		TOEIC®新公式問題集4 練習テスト2 PART 3,4 23時～23時20分

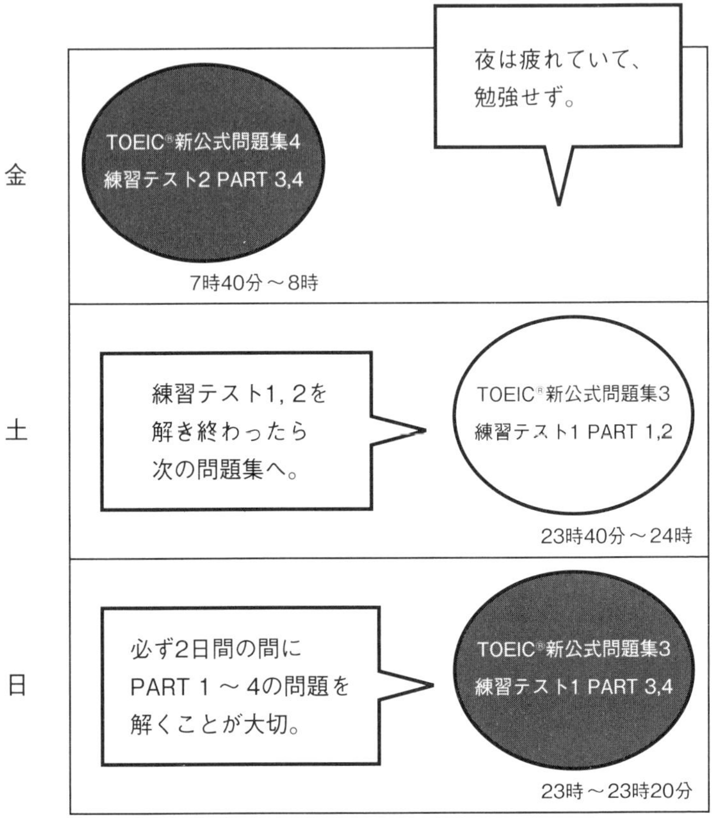

金	TOEIC®新公式問題集4 練習テスト2 PART 3,4 7時40分〜8時	夜は疲れていて、勉強せず。
土	練習テスト1, 2を解き終わったら次の問題集へ。	TOEIC®新公式問題集3 練習テスト1 PART 1,2 23時40分〜24時
日	必ず2日間の間にPART 1〜4の問題を解くことが大切。	TOEIC®新公式問題集3 練習テスト1 PART 3,4 23時〜23時20分

もしも、自分の得意なパートや苦手なパートがあれば、組み合わせを変えるのもよい方法です。特に800点以上取得したい人であれば大切です。

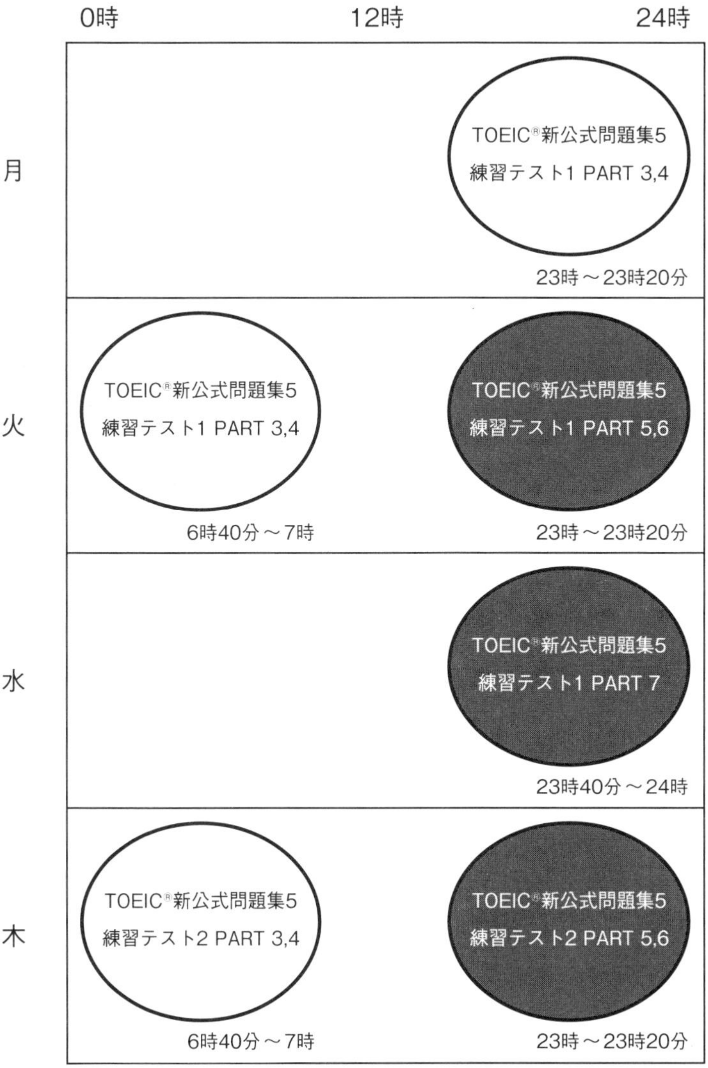
0時
12時
24時
月
TOEIC®新公式問題集5
練習テスト1 PART 3,4
23時～23時20分
火
TOEIC®新公式問題集5
練習テスト1 PART 3,4
6時40分～7時
TOEIC®新公式問題集5
練習テスト1 PART 5,6
23時～23時20分
水
TOEIC®新公式問題集5
練習テスト1 PART 7
23時40分～24時
木
TOEIC®新公式問題集5
練習テスト2 PART 3,4
6時40分～7時
TOEIC®新公式問題集5
練習テスト2 PART 5,6
23時～23時20分

金	TOEIC®新公式問題集4 練習テスト1 PART 3,4 7時40分～8時	TOEIC®新公式問題集5 練習テスト1 PART 7 23時～23時20分
土	TOEIC®新公式問題集5 練習テスト2 PART 5,6 7時40分～8時	TOEIC®新公式問題集4 練習テスト2 PART 3,4 23時～23時20分
日		TOEIC®新公式問題集5 練習テスト1 PART 7 23時～23時20分

マークシートを使用する

基本的に本番と同じように解くためにマークシートを用意し、問題を解き、答え合わせをします。本番と同じ形式で勉強したほうが、試験本番でもいつもどおりに解けばよいため、落ち着いてのぞむことができます。マークシートはTOEIC新公式問題集、TOEIC関連問題集、参考書を購入すると添付されています。

とはいえ、どの本にもマークシートが数枚しか添付されていません。あらかじめ使用する前にコピーをとっておくとよいでしょう。私はスキャナーでマークシートをスキャニングしてPDFデータに変換し、プリントアウトして使用していました。もしも、自宅にスキャナーがなければ、コンビニエンスストアのコピー機でもマークシートをスキャニング、データ化することができます。あとは自分の生活スタイルに合わせながら復習しましょう。

《本番の試験の感覚をつかみたい場合》

次の日の朝、もう一度同じようにマークシートを使用して、問題を解きます。そのとき、前回よりもわかるはずですが、まだ解けない問題も出てきます。どうして解けなかったのか反省することで、勉強の効果が高まります。

《語学力をつけたい場合》

次の日の朝はマークシートを用意せず、問題集を見ながらシャドーイングをします。シャドーイングというのは、英語を聞きながら、それと同じ文章をそっくりそのまま音読することです。**最初のうちは発音を気にせずに、スピードに慣れることを重視してください。**もしも、ナレーターのスピードについていけない場合、まだまだ勉強不足です。

どうしても朝起きて勉強するのがつらければ、夜の勉強方法を工夫するのもよいです。脳は空白を嫌う性質があります。テレビ番組で考えるとわかりやすいかもしれません。あなたがクイズ番組を見ているとき、答えを言わずにCMに移ってしまい、番組が再開するまでそのままCMを見たことはないでしょうか。人は空白があると埋めようと行動します。

そのような脳の性質を利用して、夜に勉強をして答え合わせするときに、解説を次の日に読むことにします。どうして間違えたのか気になり、次の日に起きやすくなるでしょう。

□ あなたはどのように復習をしますか？

間違えた理由を記入する

ただ問題集に取り組むだけでは実力が身につきません。常に反省することが大切です。正しい反省方法について紹介します。

❶ 問題に取り組むとき

反省は問題に取り組むときから始まっています。マークシートに解答を記入する際に根拠があって解答したのか、勘で解答したのかわかるようにマークしましょう。例えば、勘で解答したものにはチェックしておきます。そのようにしてすべて記入した後、マークシートを見れば、自分の弱点が見えてきます。

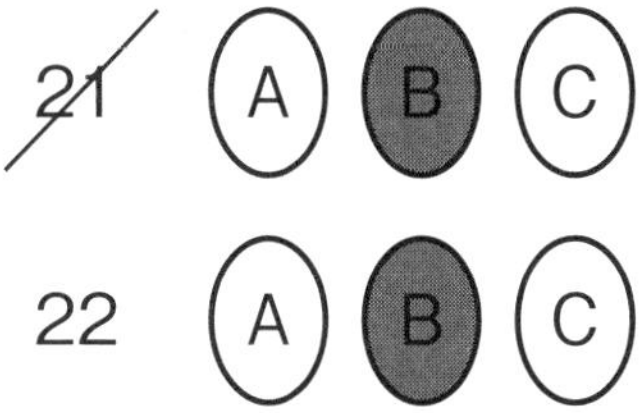

例えば、私の場合、パート2の21問目以降から勘で解答することが多くなっていました。集中力が切れているか、もしくは、リスニング力が問題に追いついていないか、2つの問題が考えられました。そこでパート2は重点的に勉強しました。

❷ 答え合わせのとき

TOEICの新公式問題集は『問題編』と『解答・解説編』の2冊で構成されています。答え合わせをするときには解答・解説編の冊子に間違えた問題をチェックします。何回も繰り返し解いたとしても、つまり、同じ問題を解いたとしても、間違えた場合はチェックしてください。その場合、間違えた回数がわかりやすいように「正」の字で書くとよいです。

解説のページに間違えた問題をチェックすると同時に「なぜ間違えたのか」を記入しましょう。例えば、リスニング問題の場合は「問題を聞き取れなかった」「集中力が切れて聞き逃した」「問題は聞き取れたけど、解答が見つけられなかった（わからなかった）」「聞き間違い（思い込み）をした」など考えられます。

リーディングの場合は「勘違い（思い込み）をした」「英単語・英文法を知らなかった」「問題文・選択肢文を訳せなかった」などが考えられます。問題が明確になると改善しやすくなります。例えば、英単語を知らなくて間違えた場合、英単語を覚えることで解答できるようになります。何度も間違えてしまう場合、その単語にマーカーを引いて強調したり、問題集に単語を書いた付箋を貼ったり、目に入るようにして覚えるのもよい方法です。

□ あなたがよくする間違いは何ですか？

2章

時　間

時間の使い方を考える

どんなに優秀な人でも、お金持ちでも、時間は誰にでも平等です。TOEICの勉強をするには時間をどのようにして管理するのかが大切になってきます。もしも、時間が管理できないと、いろいろと言い訳をして勉強しなくなります。勉強時間をマネジメントする方法は2つしかありません。時間の量を増やすか、時間の質を高めるか。例えば、時間を増やす場合。

「今の生活でTOEICの勉強に充てられる時間はどれくらいあるだろうか？」もしくは「どのようにしたらTOEICの勉強時間を作りだせるだろうか？」

と考えるとよいでしょう。また、時間の質を高める場合。もしも、あなたがすでに勉強に取り組んでいるのであれば、

「現在行っている勉強方法の中で無駄な時間はないだろうか？」
「どうしたら今よりも勉強に集中できるだろうか？」

と考えます。できるだけ、TOEICに必要な勉強にのみ時間を割くことが大切です。

□ あなたは時間をマネジメントするためにどうしますか？

他の英語の勉強をしない

TOEICで高得点を取得するには「TOEICの勉強」に特化するのが一番です。TOEICの試験以外の問題集（英検など）で勉強する、英会話を勉強するなどしても、なかなか得点に結びつきません。TOEICの問題集のみ解き続けることでリスニングパターンが理解できる、出題されそうなボキャブラリーが身につくなどメリットがあります。

もしも、あなたにふさわしい問題集に巡り合い「これだ」と決めたら、解答を暗記するくらいまで徹底してその本に取り組みましょう。それほどまで自信を持って勉強することが大切です。そうしなければ、結果が悪いときに不安になり、あれこれテキストを替え、質の高い勉強ができません。特にTOEICの点数が伸びないと「本当にこの方法でよいのか」と疑ってしまうもの。**たいていは問題集に問題があるのではなく、自分に問題があります。**

中途半端に数冊勉強するよりも、徹底して1冊を終わらせたほうが勉強の効果があります。実際にTOEIC730点以上取得できずに悩んでいたころ、公式問題集に絞って勉強することであっという間にクリアできました。もしも、あなたが800点を取得するのが目標であれば、公式問題集のみで大丈夫です。

□ あなたはTOEIC以外の勉強をしていませんか？

毎日することと一緒にする

あなたが毎日行っていることは何でしょうか。トイレ、お風呂、食事、歯磨きなどいろいろ考えられます。すでに「習慣」となっているため、忘れることはありません。英語の勉強を続けることも習慣となればよいのですが、なかなか難しいもの。そこで、すでに「習慣」となっているものと一緒に行うと楽になります。

例えば、私はお風呂上がりにストレッチをしながら、発音の練習をしていたことがありました。毎日お風呂に入るため、発音の練習を忘れたことはありません。ほかにも朝、目覚めたとき、食後など、いろいろ組み合わせることができます。

そのようにして毎日行っている行動と一緒にTOEICの勉強をすれば、いつの間にかTOEICの勉強も習慣になります。反対に毎日行わないことと一緒に勉強しようとすると続かなくなるため注意してください。例えば、ランニングをしているときにリスニングの勉強をしていると、雨が降ってランニングができないと勉強できなくなります。

□ あなたが毎日行っていることは何ですか？

あなたが毎日行っていることは何ですか？
TOEICの勉強と組み合わせましょう。

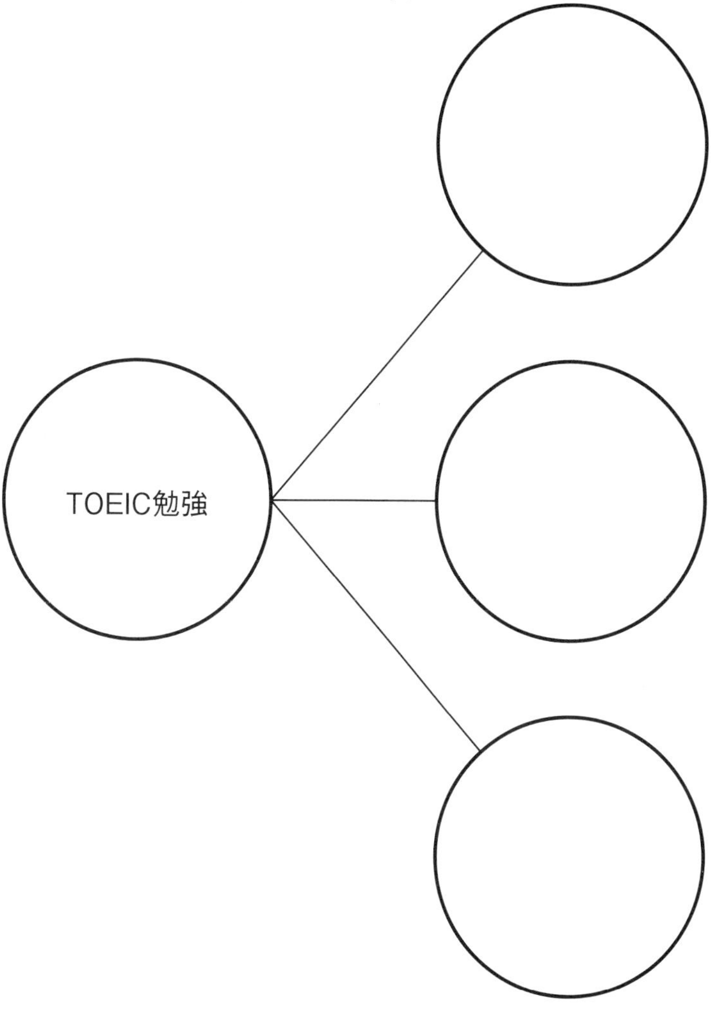

スキマ時間を活用する

今、あなたは忙しいですか。本当に忙しいかどうかを検証しましょう。自分にどれだけ時間があるのかをチェックします。あなたが絶対に必要な時間を算出し、残り時間を算出してください。

24 −

仕事・学校	時間
睡眠	時間
食事	時間
お風呂	時間

＝ ___ 時間

1日20分以上時間があるはずです。勉強が続かない人の多くは勉強する時間がないのではなく、勉強する気がないだけかもしれません。とはいえ、仕事や他の用事で忙しく、20分さえも勉強時間がとれないこともあるかもしれません。それでも1日20分は英語に触れることが大切です。そこでスキマ時間を活用しましょう。塵も積もれば山となります。あらかじめ時間、タイミングによって何を勉強するのか決めておくとよいです。

《勉強する時間》

10分時間ができたら……「パート2の問題に取り組む」
5分時間ができたら……「パート7の問題を1問解く」

《勉強するタイミング》

最寄り駅から帰宅するとき
……「TOEIC®新公式問題集」CDを聞く
パソコンを立ち上げているとき
……「パート5の問題」に取り組む

起きている時間を増やすことはなかなか難しいため、寝ている時間を活用するのもよいです。例えば、布団に入ったらTOEICのCDを流すと決めます。毎日繰り返していると、脳が英語を重要と認識し、夢を英語で見るようになることさえあります。

□ あなたは1日にスキマ時間はどれくらいありますか？

無理して勉強を続けない

もしも、20分間勉強しようとしても、集中できないときもあるかもしれません。そのときは無理に勉強せずに休憩しましょう。そのような状態で勉強を続けたとしても能率は下がるものです。

とはいえ、休憩時間をとると、勉強する気がなくなってしまうことがあります。息抜きのためにテレビを見たり、音楽を聴いたりして、夢中になってしまい、勉強をやめてしまった経験はないでしょうか。

もしも、気分転換のために休憩するなら、どれだけ休憩するのか「時間」を決めましょう。5分でも、10分でもかまいません。もしも、それでも勉強できないときは思い切って勉強をやめましょう。20分ぐらいであれば、他の時間帯でも時間が作れるはずです。

□ あなたが気分転換するとしたら何分休みますか？

しっかり睡眠をとる

時間の量が決まっているのであれば、時間の質を高めなければなりません。勉強の質を高めるのに欠かせないのが「睡眠」。たまに睡眠時間を削って勉強時間を捻出する人もいますが、おすすめできません。勉強を始めたころはよいかもしれませんが、次第に寝不足になり、勉強の効率が下がります。頭が朦朧《もうろう》としながら勉強しても頭に残りません。しっかりと睡眠をとることが大切です。

自分のベスト睡眠時間を調べましょう。人は浅い睡眠になると起きやすくなると言われています。浅い睡眠は1.5時間周期で訪れます。人によってその周期はバラバラのため、何時間何分で起きれば、寝起きがよいのか調べてください。同じ時間を眠るにしてもいつ寝るのかで身体の回復は異なります。10時に寝て4時に起きるのと、12時に寝て6時に起きるのでは早く寝たほうが回復はよくなります。

体調が悪くなると勉強に集中できなくなることもあります。体調管理にはくれぐれも注意しましょう。「20分間勉強法」は勉強する時間が短い分、よい状態で勉強することが大切です。

□ あなたは何時間眠っていますか？

誘惑を断ち切る

あなたがリスニングの勉強をするとき、どのようなプレーヤーを使用していますか。iPod、MP3プレーヤー、ICレコーダーなどかもしれません。もしも、そのプレーヤーの中にTOEIC以外の音声が入っていれば、それらを消去するか、そのプレーヤーを使用しないようにしましょう。ほかの音声が入っていると、ついそれらを聞いてしまうことがあるからです。

できれば「TOEIC専用のプレーヤー」を用意します。外出するときはそれだけ持っていきます。もしも、これからプレーヤーを購入するのであれば「倍速機能が付いているICレコーダー(MP3プレーヤー)」がおすすめです。速度を変えて、リスニングの勉強をするとさらに効率的に学習できます。

また、音楽以外にもあなたを誘惑するものがあれば、勉強のときだけ使用できない状態にしましょう。例えば、自宅にテレビや携帯電話があれば、必ず電源を消します。

□ あなたを誘惑するものは何ですか？

外で勉強する

時間を活用するために通勤・通学時間を活用するのもよいです。とはいえ、勉強方法が限られます。例えば、歩きながら勉強する場合、リスニングの勉強しかできません。なかなか集中できないこともあります。まわりの景色が目に入り、気をとられてしまうこともあるからです。

外でリスニングをする上でおすすめなのが「下を向くこと」。なるべく目に入る情報を少なくします。そうすることで集中してリスニングの勉強をすることができます。とはいえ、あまりにも集中しすぎると、まわりにぶつかりますので気をつけましょう。

そこまでしても、仕事や他のことが思い浮かんでしまい、リスニングに集中できないこともあるかもしれません。そのようなときは「パソコンのキーボード」を想像し、レコーダーから聞こえてきた音声を打ち込むようにするとよいです。

人の脳は1つのことしか考えられません。打ち込むという動作をすることで、他のことを考える余裕をなくします。もし、パソコンが苦手であれば、空気に文字を書くようにしてもよいです。

□ 勉強していますか？

ブランクを作らない

TOEICの勉強は「筋肉トレーニング」と一緒です。勉強しないとリスニング力、リーディング力は衰えてきます。実際に私が800点以上を取得した後、実感したことです。目標の点数を取得した後、勉強をやめてしまいました。それから1年以上試験を受けませんでした。

その後、900点を取得しようと思い、久しぶりに試験を受けました。するとリーディングが時間内で解けなくなる、リスニングの先読みがうまくいかないなど試験の感覚が鈍っていました。それから元に戻すまでにとても時間がかかりました。

一度でも勉強をやめてブランクを作ってしまうと、それを取り戻すために時間がかかります。最初から継続して勉強するほうが時間がかかりません。TOEICの勉強を始めたら、ブランクを作らないようにしましょう。そのためには例えば、目標の点数を取得するまでは試験に申し込み続けるとよいです。TOEICでは1年後の同月実施のテストを割引価格で申し込むことができます。受験を続けたとしても、金銭的な負担が少しだけ楽になります。何より「継続してお金を払いたくない」という想いが、さらにやる気を高めることでしょう。

□ ブランクを作っていませんか？

必ず解ける問題は解かない

リーディングの問題集に取り組んでいると、確実にわかる問題が出てきます。いくら同じ問題を解いたとしても時間の無駄です。それらの問題を見る時間さえもったいないです。

1 必ず解ける問題と全く解けない問題をチェックして区別する

私は答え合わせをして、必ず解けそうな問題に「カンタン」と記入し、次回に同じ問題を解くときには解かないようにしていました。反対に間違えた問題があれば「×」、勘や自信がなく答えた問題については「△」をつけて問題を区別して、勉強時間を短縮していました。

2 問題集をばらす

さらに視界に入る時間ももったいないと考えたときには問題集を解体して、「カンタン」と記入したページ、つまり、今後、勉強する必要がないページを捨てました。それ以外の問題のみ残して、クリップでまとめます。これで自分だけの問題集が完成します。それを確実にわかるまで繰り返し解きます。そうするうちに確実に解ける問題が出てきたら、そのページを捨てます。目に見える形でページが減っていくと達成感もあります。

よくわからない問題をノートに書き写して勉強する人もいますが、解体したほうが、時間を短縮できます。もしも、解体する時間を少しでも短縮したい方は裁断機（ディスクカッター）がおすすめです。

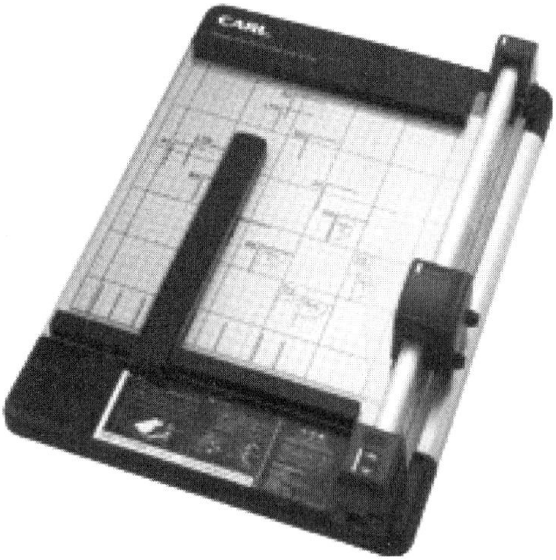

カール事務器 ディスクカッター DC-210N

□ 確実に解ける問題を解いていませんか？

ディクテーションをしない

TOEIC800点を目指すのであれば、ディクテーションをするのは控えましょう。ディクテーションとはCDなどを聞いて英語をそのまま紙に書き取っていく方法です。英語の勉強法としてよく知られる方法ですが、TOEICの点数を効率的に上げるためには向いていません。とにかく時間がかかります。

ディクテーションはよほど語学力が堪能ではないかぎり、一度で書き取ることはできません。そのため何度も何度も音声を聞く必要があり、1つ1つ丁寧に文章を書いていると時間がかかります。

例えば、パート3、パート4のように1分程度の会話やアナウンスをディクテーションするだけで5～10分ぐらいかかります。すると、20分ほどで解ける問題数は2～3問と限られてしまいます。

私は少しでも解ける問題数を増やそうと、単語は頭文字だけ記入するといった工夫もしました。ディクテーションの目的は正確にスペルを書くことではなく、正確に聞き取れるかどうかです。すべて正確に単語を書く必要はありません。とはいえ、ここまでして取り組んでも時間がかかることに違いはありません。

ディクテーションをすすめない理由はそれだけではありません。TOEICのリスニングはすべて聞き取る必要がないからです。解答するのに必要な箇所だけ聞き取れば大丈夫です。正確に聞き取るよりも必要な箇所だけ聞き取れるように勉強するほうが得策です。ディクテーションはTOEIC800点以上を目指す人、もしくは、語学力を向上させる人には向いていますが、勉強時間がなく、短期間にTOEICの点数をアップしたい人には向いていません。

□ あなたはディクテーションをしていませんか？

ストップウォッチを使用する

勉強するときには「ストップウォッチ」で時間を計測し、問題を解きましょう。時間を意識することで集中できます。例えば、パート5を12分ほどで解いているのであれば、そのタイムを切るように意識して勉強します。すると、だんだん解答するスピードが速くなります。最終的には私は10分ほどで解けるようになっていました。毎回、勉強が終わるたびに勉強時間を見ることで達成感もあります。

TOEICの問題集に取り組む際には時間を意識して取り組むことが大切です。普段できないことは本番でもできません。例えば、いつも長文問題をゆっくりと解答している人が、本番でスピーディに解くことはできません。普段から本番の試験と同じ姿勢でのぞむことが大切です。

本番は日頃の勉強のときよりもよい心身状態ではないことが多いです。制限時間の8割ぐらいのスピードで練習問題を解くようにするとよいでしょう。例えば、本番の試験で長文問題を1問1分で解くように心がけているのであれば、練習では「48秒」で解くぐらいのスピードで取り組みます。

□ あなたは時間を測っていますか？

文章を読み返さない

英文を読むときには読み返さないこと。少しでも意味がわからないと前の文章に戻ってしまうかもしれませんが、戻ってはいけません。読むリズムが崩れてしまい、必要以上に時間がかかるからです。そのようなくせがつくと、リーディングの問題を時間内に解答することが難しくなります。勉強しているときから英文を読み返さないことを習慣にしましょう。たとえ知らない単語に出合っても「良い言葉、悪い言葉なのか」と考え、文章の意味がわからなくても「このような意味かな」と考えて読み進めます。

できれば、意味のかたまりごとにスラッシュを入れて読むとよいです。TOEICでは問題用紙に記入できませんが、頭の中で文に区切りをつけながら読みます。

Last week was / the end of the free-sample program / for our new line of fruit juices.（先週は/無料サンプルプログラムの終わり/フルーツジュースの新シリーズのための）

TOEIC® テスト新公式問題集Vol.3（102p）より

TOEICではすべての文章の意味がわからなくても解けます。文章を理解するよりも問題を解くスピードを重視しましょう。

□ あなたは文章を読み返していませんか？

辞書を使用しない

わからない単語を発見するたびに辞書を引いていると時間がかかります。TOEICの問題集によっては解答の解説に英単語の意味が掲載されている場合があります。私は解説以外でわからない単語があってもなるべく辞書を使用せず、解説の和訳を見ながら意味を確認していました。

TOEICの試験を受ける際に「単語」を知っていることは武器になります。しかし、いくら英単語を覚えたとしても、試験に出てくるすべての単語を知っている人はなかなかいないもの。そこで大切になってくるのが「想像力」です。文脈から「単語」の意味を類推します。想像力を鍛えるためにはすぐに辞書で調べないことが一番です。まず、知らない単語に出合ったら自分で意味を考えて、辞書を引かないようにしましょう。

例）The refrigerator's shelves were actually very difficult to adjust. A **clasp** broke when I was attempting to remove a shelf --------（冷蔵庫の棚の調節は、実際にやってみるととても困難でした。棚を外そうとしたところ、**留め具**が壊れ……）

TOEIC® テスト新公式問題集 Vol.4（62p）より

□ 辞書を引いて勉強していませんか？

ノートや単語帳を作らない

ノートを作らないようにします。例えば、苦手な問題をまとめて、すぐに復習できるようにノートを活用する人もいるかもしれません。ノートを作ることほど時間がかかるものはありません。また、ノートを作ること自体が目的となってしまう人もいます。

「ノートを作る＝勉強した」と勘違いしています。どうしてもノートを作るのであれば、声に出しながら書くなど学習効果を高める工夫をしたほうがよいです。TOEIC800点を目指すのであればノートは必要なく、その時間を他の問題を解くことに費やします。

他に単語帳も必要はありません。何度も問題集に繰り返し取り組み、単語を見ているうちに覚えるものです。例えば、少しでも目に触れるように問題集に取り組む際には、自分のわからなかった単語にマーカーを引いたり、その単語を記入した付箋を貼っておきましょう。繰り返し見ることで、いつの間にか覚えています。

□ ノートや単語帳を作っていませんか？

付箋を貼る

その日の勉強を終えたら、次の日にすぐに勉強に取り組めるように「付箋《ふせん》」を貼ります。私がリーディングの問題を解くときには、その付箋に問題を解くのにかかった時間を記入していました。

例えば、パート5の問題を解く場合。あらかじめ「本番の問題数と同じように40問解く」と決めて勉強し、終了後に解答時間を付箋に記入します。毎回、勉強を始めるたびに付箋、つまり、時間を見ることになります。「今日はもっと速く解こう」という意識が高まり、集中して勉強できます。また、他にも付箋を活用する方法はあります。

1 その日のノルマのページに貼る

TOEICの参考書を使用して、パート5の問題を40問解く場合。勉強する前に40問目のページに付箋を貼ります。どこまで解けばよいのか明確になり、集中して問題を解けます。また、問題を解くにつれて、付箋が近くになり、スピードも実感できます。

2 解答できなかった問題に貼る

57ページで紹介しましたが、問題集をバラバラにするのが嫌な人は解答できなかった問題に付箋を貼るのもよいです。復習をするときには付箋のページをめくるだけですむため、時間の短縮になります。さらには、本に付箋がたくさん貼ってあるのを見ることで自分の勉強量を確認できて自信にもつながります。

□ あなたは付箋を使用していますか？

3章

モチベーション

明日の勉強スケジュールを決める

前日の夜に次の日の勉強の予定を決めます。いつ勉強するのか決めておかないと、「他に予定が入った」「今日はやる気が出ない」「体調が思わしくない」など「言い訳」をして勉強しなくなるからです。特にまだ勉強し始めたばかりで、勉強のリズムができていないときは大切です。例えば、「自分にアポイントメントを入れる」と考えてもよいでしょう。手帳に勉強予定を書き込んでおくのもよいです。

予定はあくまで予定。何が起こるかわかりません。あらかじめ「この時間に勉強できなければこの時間に勉強する」というように予備時間を設けるのもよいです。例えば、朝起きて勉強する予定なのに寝坊した時は電車の中で勉強するというように決めておきます。「予定どおりにできなかった」という気持ちが続いてしまうと勉強する気がなくなります。少しでも罪悪感を減らすために最悪な状態を想定し、どうすべきなのかを事前に決めます。

もしも、あなたがどのようにスケジュールを立てていいのかわからない場合。学習計画を立てたときに「わくわくするかどうか」を考えましょう。心の中で「わくわくしない」「無理かもしれない」と思ったのであれば、計画を考え直す必要があります。

□ 明日の勉強予定を立てていますか？

物足りない時間で終わらせる

モチベーションを維持するには下げ幅を小さくすることが大切です。例えば、長時間勉強しないようにします。やる気があるうちは1日2～3時間でも勉強できますが、やる気が減少するにつれて、それだけ勉強するのはつらくなります。たとえあなたが勉強したいという気持ちが高まっても、1日20分から1時間ぐらいしか勉強しないようにします。「もう少し勉強したい」「物足りない」と思うくらいで勉強を終わらせるのがちょうどよいのです。

人には調子のよいときもあれば、悪いときもあります。あなたがどんな状態であっても継続できる時間で勉強をしたほうがモチベーションは維持できます。くれぐれも自分に負担のかかるような勉強をしないようにしましょう。

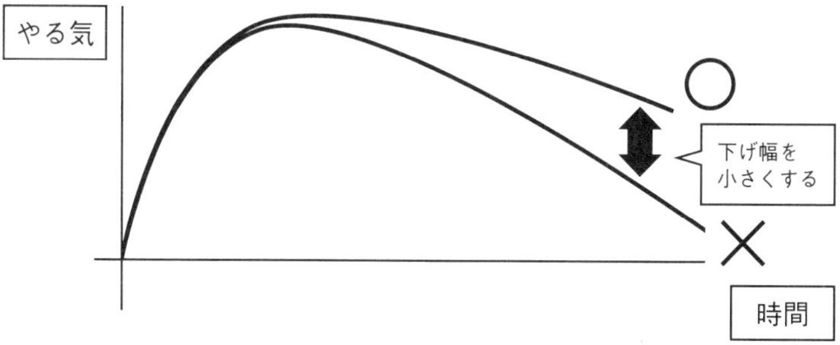

□ 物足りない時間で終えていますか？

常に目標を意識する

勉強を続けるには目標を意識することが大切です。目標を意識していると、それに引き寄せられ、あなたに必要なもの（TOEICに関するもの）が目に入り、勉強しやすくなります。もしも、意識することが難しければ「行動すること」「常に目に見えるようにすること」がおすすめです。

1 毎日利用しているものを利用する

あなたが毎日利用しているものはないでしょうか。例えば、ブログやフリーメールなどを利用していたら、IDやパスワードを「目標」にします。例えば「TOEIC800点を3月までに取得したい」のであれば「201303toeic800」のようにパスワードを設定します。他にもオーディオプレーヤーを利用していれば、ファイル名を目標にするものよいです。

例）新公式問題集　TOEIC800点取得

2 理想のスコア表を目に入るところに貼る

目標を目に入るようにします。例えば、スコア表を部屋の壁、テレビなど、あなたがよく目にする場所に貼ります。しかし、そのまま自分のスコア表を貼るのではなく、自分の取得したい「理想の点数」に修正します。私はスキャナーでスコア表をスキャニングし、パソコンで点数の部分を理想どおりの点数に書き換えていました。リーディング、リスニングで何点取得するのか明確にしておくと、さらに目標に対する意識が高まります。

□ あなたは目標を意識していますか？

あなたの理想のスコアを書きましょう。

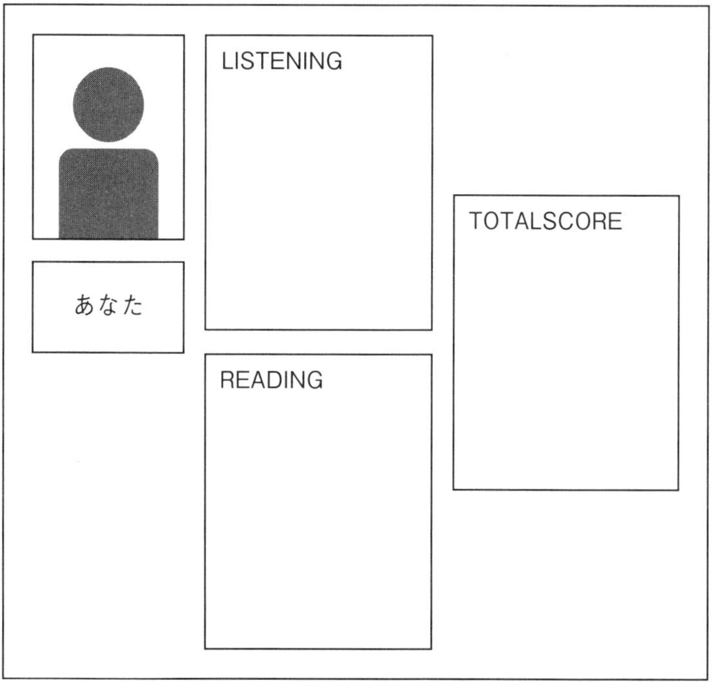

目標を希望の点数より高くする

もしも、あなたがTOEIC800点を取得したいのであれば、それ以上の目標を立てましょう。人は自分に甘いもの。TOEIC800点を取得すると目標を設定したら、その点数分だけの努力しかしないようになります。

目標を達成するためのコツは目標の先を意識することです。例えば、TOEIC860点を取得すると目標を立てます。すると、それだけの努力をすることになり、いつの間にか800点を超えることになります。

とはいえ、あまりにも目標が高すぎるのもよくありません。その目標に向かって勉強に取り組むと、次第に「現実的ではないのではないか」と思い始め、諦めてしまうことになります。

目標を設定したら、それを実現するために何をすべきか行動を明確にすることが大切です。できるだけ「これなら自分にもできそうだ」と思うぐらいになるまで行動を細かく具体化します。何度も「そのためにはどうする？」と問い返して考えましょう。

例）

「パート2を30問中20問取得する」

↓そのためにはどうする？
「毎日、パート2を聞く」
↓そのためにはどうする？
「平日は自宅から駅に行くまでiPodで聞く、休日は朝起きてすぐに聞く」

たとえあなたの現在の点数と目標点数が離れていたとしても目標に向かって勉強していれば、目標は達成するときがやってきます。メジャーリーガーのイチロー選手はこのような言葉を残しています。

「小さなことを積み重ねることが、とんでもないところに行くただひとつの道だ」

もしも、自分が何をすべきか思い浮かばなければ、本書の中で「自分でもできそうだ」と思う方法から真似してください。

□ あなたは目標点数を何点にしますか？

目標を体感する

目標を達成するには目標の先をただ漠然と意識するだけではいけません。具体的に意識することが大切です。目指しているものが明確でないとモチベーションを維持することは難しく、勉強を継続することができません。8つの質問を用意して目標を明確にします。

例）

①『あなたのゴール（手に入れたい結果）は何ですか？』
TOEIC800点を取得すること

②『成果が手に入ったことは、どのようにしてわかりますか？』
リスニング430点、リーディング370点のスコア表を見ることでわかる

③『成果はいつ、どこで、誰と作りますか？』
20××年、一人で

④『成果を手に入れるとどうなりますか？』
仕事の幅が広がる、昇進できる資格が得られる

⑤『成果を手に入れるためにあなたが持っているリソース（能

力・知識・思考・人など）は？　これから手に入れる必要があるリソースは何か？』
お金、緊張感

⑥『成果を手に入れるために制限をかけているものは何ですか？』
勉強時間がない（仕事が忙しいこと、飲み会の誘い）

⑦『成果を手に入れることは、あなたにとってどのような意味がありますか？』
自信になる、成長を感じることができる

⑧『では、最初の一歩としてできることは何ですか？』
最低でも毎日20分勉強すること

　このように具体的に目標をイメージすると行動しやすくなります。脳は現実とイメージの区別がつきません。レモンや梅干しを思い浮かべるとわかりやすいですが、唾液が出てこないでしょうか。イメージが鮮明であればあるほど、脳は勘違いをして、あなたに行動するように指令します。

□ あなたは目標点数を取得したらどうなりますか？

8つの質問に答えましょう。

①『あなたのゴール（手に入れたい結果）は何ですか？』

②『成果が手に入ったことは、どのようにしてわかりますか？』

③『成果はいつ、どこで、誰と作りますか？』

④『成果を手に入れるとどうなりますか？』

⑤『成果を手に入れるためにあなたが持っているリソース（能力・知識・思考・人など）は？　これから手に入れる必要があるリソースは何か？』

⑥『成果を手に入れるために制限をかけているものは何ですか？』

⑦『成果を手に入れることは、あなたにとってどのような意味がありますか？』

⑧『では、最初の一歩としてできることは何ですか？』

目標を達成しなかった場合を想像する

時間は誰にでも平等です。何か行動を選択したら、他の行動（時間）を捨てることになります。TOEICの勉強をするためには他の時間を犠牲にしています。**あなたが勉強することで犠牲にしているものは何でしょうか？**

一番わかりやすいのが「お金」です。例えば、あなたがTOEICの勉強をせずに働いたら、どれくらい稼げますか？「自分の時給×勉強時間」を計算しましょう。時給3000円の人が100時間勉強していれば、「30万円」の投資をしていることになります。たとえ、英会話スクールやTOEIC対策の予備校に通っていなかったとしても「タダで勉強しているのではない」ことを肝に銘じて勉強しましょう。

人がやる気を出すためには2つの方法があり、「快楽」か「痛み」しかありません。このように「痛み」を考えることでもやる気を高められます。お金にかかわらず「**達成しなかったらどうなるのか？**」と具体的に考えるのもよいです。あなたが思いついたことに対して「どのようになるのか？」と問いかけてみましょう。

例）↓どのようになるのか？
「昇進できなくなる」
↓どのようになるのか？
「給料が上がらない」
↓どのようになるのか？
「生活が苦しくなる」
↓どのようになるのか？
「つらい」

□ あなたが勉強することで犠牲にしているものは何ですか？

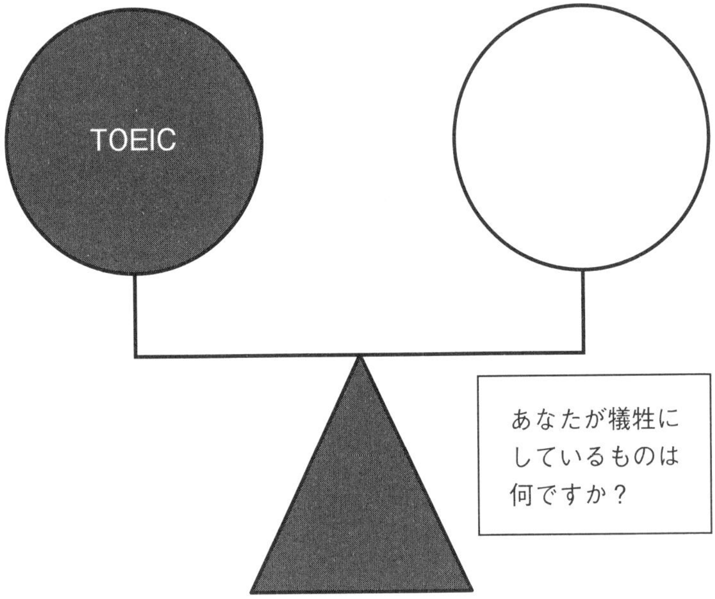
TOEIC
あなたが犠牲にしているものは何ですか？

試験に申し込むこと

常に「本番」を想定して勉強できればよいのですが、いつまで頑張ればよいかわからないとなかなかやる気が出ません。そこで勉強のゴールを決めます。一番わかりやすいのが「試験日」。特に**「目標を達成するような語学力がついてから試験を受けよう」と考えていると、なかなか集中して勉強できません。**それだけではなく、何か言い訳をして受験しないことさえあります。

試験日が決まっていれば、試験日が近づくにつれて気が引き締まります。私は試験までの日数をカウントダウンするためにエクセルで下記の表を作成し、勉強する部屋の壁に貼り、残り日数をチェックしていました。そして、ただカウントダウンするだけではなく、少しでも目標を忘れないように「TOEIC800点以上まで残り○日」と記入します。

特にTOEICの受験経験がない人は、自分のレベルをチェックする意味でも一度試験を受けたほうがよいです。もしも、700点だとわかれば、「あと100点」というふうに思えて頑張れるでしょう。さらに「600点」であれば、「もっと勉強する必要がある」と感じて気が引き締まります。どんな人でも試験前になれば嫌でも勉強するモチベーションが高まります。

□ 試験に申し込んでいますか？

10月						
						1
						TOEIC800点 以上まで 残り29日
2	3	4	5	6	7	8
TOEIC800点 以上まで 残り28日	TOEIC800点 以上まで 残り27日	TOEIC800点 以上まで 残り26日	TOEIC800点 以上まで 残り25日	TOEIC800点 以上まで 残り24日	TOEIC800点 以上まで 残り23日	TOEIC800点 以上まで 残り22日
9	10	11	12	13	14	15
TOEIC800点 以上まで 残り21日	TOEIC800点 以上まで 残り20日	TOEIC800点 以上まで 残り19日	TOEIC800点 以上まで 残り18日	TOEIC800点 以上まで 残り17日	TOEIC800点 以上まで 残り16日	TOEIC800点 以上まで 残り15日
16	17	18	19	20	21	22
TOEIC800点 以上まで 残り14日	TOEIC800点 以上まで 残り13日	TOEIC800点 以上まで 残り12日	TOEIC800点 以上まで 残り11日	TOEIC800点 以上まで 残り10日	TOEIC800点 以上まで 残り9日	TOEIC800点 以上まで 残り8日
23	24	25	26	27	28	29
TOEIC800点 以上まで 残り7日	TOEIC800点 以上まで 残り6日	TOEIC800点 以上まで 残り5日	TOEIC800点 以上まで 残り4日	TOEIC800点 以上まで 残り3日	TOEIC800点 以上まで 残り2日	TOEIC800点 以上まで 残り1日
30						
TOEIC830点 取得						

他の問題を解決する

「いくら勉強しようとしても集中できない」そのようなときはありませんか。もしかすると、勉強に集中できない原因は勉強方法にあるのではなく、他のところにあるのかもしれません。

勉強するときは心に余裕があることが大切です。そこで、あなたが心に余裕があるかどうかをチェックしましょう。あなたの部屋を観察してください。部屋の床に物がたくさん置かれていたり、部屋の隅にほこりがたまっていたりしないでしょうか。特に部屋の床の状況は「今のあなたの心の状態」を表しています。歩ける面積が小さいほど心に余裕がないものです。もしかすると、TOEIC以外の問題を抱えているのかもしれません。それらの問題を解決できることがベストですが、今すぐに解決できない問題もあるかもしれません。

とはいえ、心の余裕を少しでも生み出す方法はあります。部屋の掃除をすること。人は目に見えるものがきれいになるだけで心の状態がよくなります。また、机をきれいにするのもよいです。勉強するときにはTOEICだけ考えられるように、勉強と関係ないものは置かないようにしましょう

□ TOEIC以外の問題を抱えていませんか？

見栄を張らない

無理は続かないもの。TOEICを一度でも受験していて、自分の点数を把握しているのであれば、自分のレベルに合った教材を使用します。TOEIC600点の人が900点を狙う教材で勉強しても、わからないことが多く、モチベーションが下がるだけです。

TOEICの問題集には本番の試験のレベルより難しい教材、本番の試験とは異なるような教材も存在します。公式問題集が改訂版を出版しているようにTOEICの問題は常に変化しています。そのため、昔に出版され、改訂されていない本は本番の試験とレベルが異なる場合があります。

特にTOEICの勉強を始めたばかりの人は「なぜ間違えたのか」を明確にすることが大切であるため、丁寧な解説がついている本がおすすめです。価格が安くても解説が不親切な本もあるので注意してください。そのような本はTOEICで高得点を取得している人でないと使いこなせません。見栄を張らずに自分に合う教材を使用して勉強しましょう。そのため、インターネットのレビューに惑わされず、実際に書店で問題集を手に取り、自分に合うのかどうか検討して書籍を購入することをおすすめします。

□ 無理をして勉強をしていませんか？

《難易度が高い書籍例》

- □ 新TOEIC® TESTリーディング問題集　Jリサーチ出版
- □ 新TOEIC® TEST英文法スピードマスター　Jリサーチ出版
- □ 新TOEIC®テストスーパー模試600問　アルク
- □ TOEIC®テスト本番攻略リスニング10回模試　学研教育出版
- □ TOEIC®テスト本番攻略模試　学習研究社

間違いを気にしない

TOEICの勉強を始めたころは間違いが多く、自分の語学力のなさにがっかりしたり、憤りを感じることもあるかもしれません。私も久しぶりに勉強を開始したときには同じような想いをしました。「受験勉強をしていたときにTOEICを受けておけばよかった」と思ったことさえあります。

とはいえ、TOEICで目標の点数を取得する上で大切なことは本番で間違わないこと。勉強（練習）はいくら間違ってもかまいません。むしろ「本番で間違えなくてよかった」と思っておけばよいのです。

「間違いを犯したことのない人というのは、何も新しいことをしていない人のことだ。間違えても立ち止まるな。失敗することで成功へ一歩近づく。10回失敗しても1回の成功で取り戻せばそれでいい」

物理学者アインシュタインの言葉です。間違えた問題は次に解くときに間違えないように復習しましょう。繰り返し勉強しておけば、いずれ解けない問題がなくなり、知識が定着します。

□ 間違いを気にしていませんか？

停滞期を受け入れる

たとえTOEICの点数が伸びなかったとしても、現在の点数と目標の点数との差は伸びしろと考えたり、これから飛躍するための停滞期だと思いましょう。最後まで諦めずに勉強を続けた人に結果がついてきます。

突然、TOEICの点数は伸びるものです。私はあまり点数を期待せずに試験結果を見ていると、何度も驚かされ、喜んだこともありました。どんな人でも停滞期にぶつかっています。

これまで800点以上を取得していた人たちに点数の経緯について聞くと2つの壁があるようです。「700点の壁」と「800点の壁」。正しい努力をしていたとしても、700点を超えるとき、800点を超えるときには時間がかかることもあります。そうならないように「20分間勉強法」を考えました。

また、900点以上を目指すとなるともう1つ「900点の壁」があります。900点を超えるときは700点、800点以上に時間がかかります。もしも、あなたの必要な点数が800点ぐらいであれば、そこで勉強をやめるという選択肢もあります。

□ あなたは壁にぶつかっていますか？

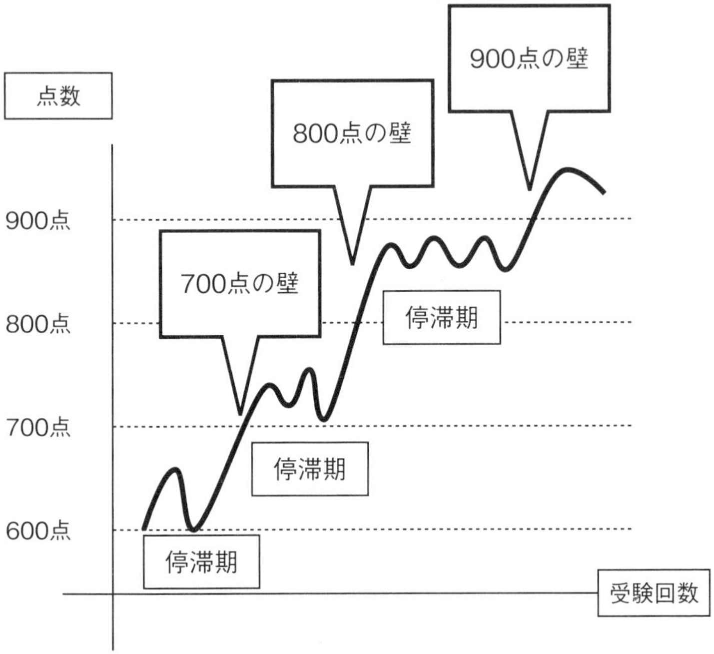
点数
900点の壁
800点の壁
700点の壁
900点
800点
700点
600点
停滞期
停滞期
停滞期
受験回数

自分の
タイプを知る

人間にはよく使用する感覚があり、優位感覚のタイプは3つに分けられます。まず、次の質問について考えてください。

「昨日、英語の勉強をした場所を思い出してください」

あなたの目はどこに向いているでしょうか。どちらに目が向いているかであなたのタイプがわかります。

①左上を向いている人＝視覚型

目に映る情報を中心に判断する傾向があります。

②左横を向いている人＝聴覚型

耳から聞こえ伝わる情報を中心に判断する傾向があります。

③左下を向いている人＝感覚型

体の感覚で感じる情報を中心に判断する傾向があります。

自分のタイプがわかったら、それを活かした勉強をするのもよいです。もしも、どうしても覚えられない単語があった場合。視覚型の人は繰り返し単語を見ます。聴覚型の人は音声を聞いて覚えます。音読しながら自分の声で勉強するのもよいです。感覚型の人は単語を書き写して覚えます。

□ あなたは3つのタイプのうちどれですか？

きっかけを作る

勉強に集中するためのきっかけを作りましょう。スポーツの世界では常識となっている「ルーティーン」に近いものです。有名なのがイチロー選手。バッターボックスに立つとき必ずバットを前に立てるしぐさをします。そうすることで「いつもどおりパフォーマンスが出せる」と思えるようになり「よい状態」を作ることができます。だからこそ、ヒットを量産しています。

ある動作をすれば、集中して勉強できるように自分を仕向けます。例えば、場所、音楽、睡眠などを利用するとよいです。

1 場所

自宅で勉強しづらいのであれば、外出先で勉強するのもよいです。例えば、会社帰りにカフェやファミリーレストランに立ち寄り勉強します。もしも、リスニングの勉強を歩きながらしているのであれば、ひと駅前の駅で降りて、いつも同じ道を通り、勉強しながら帰宅するのもよいです。

2 音楽

なかなか外出したり、カフェなどに立ち寄ったりするのが難しければ、音楽を利用するのもよいです。必ず勉強を始める前に自分の気分を高揚させるような音楽を聞きます。

3 睡眠

会社から帰宅すると、疲れてしまい、勉強に集中できないかもしれません。そのような場合は睡眠もよいです。10分～20分程度仮眠してから勉強します。

勉強前にカフェに行く、音楽を聞く、睡眠をとるなど、同じ行動を繰り返しているうちにそれらの行動がきっかけになり、すぐに勉強に集中できるようになります。

□ あなたを勉強に向かわせるきっかけは何ですか？

実況中継をする

一番集中しているときは本番の試験を受けているときです。いつも本番の試験と同じような状態で勉強できれば、勉強の効果が高まります。少しでも本番を意識してのぞむには「実況中継」がおすすめです。

具体的には今までに実際に試験を受けた会場を思い浮かべ、本番の試験の状況をイメージします。「あと残り20分で、問題数はあと残り25問。すべての問題を解けるのか」というように想像します。より臨場感を出すためにストップウォッチで時間を計測します。また、他にも「リスニング問題で問題の先読みができない状態」のように最悪な状況を想定するのもよいでしょう。

本番の試験では時間や自分との闘いになるため、プレッシャー対策にもなります。実況中継を活用しているスポーツ選手もいます。例えば、イチロー選手。第2回WBC（ワールド・ベースボール・クラシック）の日本×韓国戦（決勝戦）のときのこと。試合が延長までもつれ、10回表にイチロー選手へ打席が回り、1打出れば逆転という場面がありました。イチロー選手はそのときの心情をテレビのインタビューで話していたことがあります。

「ここで打ったらえらいことや、ここで打ったなかったらもっとえらいことや。そういう思いがよぎるときは結果があんまりでないんですよね。雑念がいろいろと入っているわけですから」

こうなったら楽しくやらないとやってられないと思ったイチロー選手は「さあ、この場面、ここでイチロー選手が打席に入りました」というように実況中継しながらプレーすることに。人の頭は1つのことしか考えられません。アナウンスしているときに後ろ向きなことは考えられず、打席に集中できます。

もしも、あなたが勉強するときに実況中継すれば、雑念がなくなっていき、TOEICの勉強に集中することができます。

□ あなたは本番の試験の状況をイメージしていますか？

他人の目を利用する

勉強をしているときに辛いことの1つに「孤独」が挙げられます。TOEICの勉強は1人でするもの。自分の自由に勉強をやめることができます。その時の気分に左右され、嫌なことがあったり、集中力が切れたりすると、勉強しなくなります。孤独に負けないためには孤独を感じないほど勉強に集中することが大切です。

もしも、それができないのであれば、すでに緊張感がある場所で勉強します。例えば、図書館。真剣に勉強している人が多いです。真剣に勉強している姿を見れば、刺激を受けて、やる気が湧いてきます。基本的にまわりは静かであるため、リスニングの勉強をすることもできます。

図書館が近くになければ、コーヒーショップ、カフェ、ファミリーレストランなどもおすすめです。例えばファミリーレストランを活用している漫画家もいます。「こちら葛飾区亀有公園前派出所」の作者として有名な漫画家の秋本治さん。漫画の構成を考える際には何時間もファミリーレストランに籠もってするそうです。最近では勉強するために利用している人も多いため、刺激が受けられて、集中できます。

□ あなたはどこで勉強をしますか？

勉強量を目に見えるようにする

語学力は目に見えません。そのため、自分がどれだけ上達しているかわからず、モチベーションを維持するのは難しいもの。とはいえ、確実に勉強を継続していれば力はついています。そこで自分の語学力・勉強時間を目に見えるようにします。

1 ノートに勉強時間もしくは継続回数を記録する

勉強を開始するときに時間を計測し、終了した後に勉強時間を確認します。ノートや問題集に今まで勉強した時間の合計時間を記入しましょう。もしくは、どれだけ連続して勉強しているのか書くのもよいです。TOEICのゲームソフトによっては「勉強日数」や「勉強時間」が出てきます。

2 参考書に日にちを記録する

問題集や参考書を繰り返し勉強することもあるかもしれません。問題を解いたときにその日の日付を記入します。すると、再び問題を解いたときに自分の勉強の証が残っているため、努力してきたことを確認しやすくなります。日付が増えれば増えるほど実感しやすくなります。

❸ マークシートをためておく

今まで勉強してきたときに使用していたマークシートを捨てずにファイルにまとめます。昔の記録を見ることで自分の成長が確認できます。

❹ 同じペンを使用する

もしも、勉強するときボールペンかペンを使用しているのであれば、同じペンを使用し続けます。インクが減っているのを見ることで、自分の努力を実感できます。

□ 勉強量を目に見えるようにするためにどうしていますか？

初心に返る

目標を常に意識していないと、何のために勉強しているのか忘れてしまうことがあります。一番モチベーションが高いときはTOEICの勉強を始めようと思ったとき。もしも、モチベーションが下がってしまったら、初心に返ります。「**何のために勉強をしているのか？**」「**勉強を始めたとき、どのような気分だったか？**」と問いかけます。

なかなか気持ちを取り戻せなければ実際に体感するとよいです。もしも、「ビジネスで英語を使用できるようになる」という目的で勉強している場合。実際に外国人に話しかけてみるとか、ビジネス英語関連のテレビ番組を見るとよいでしょう。

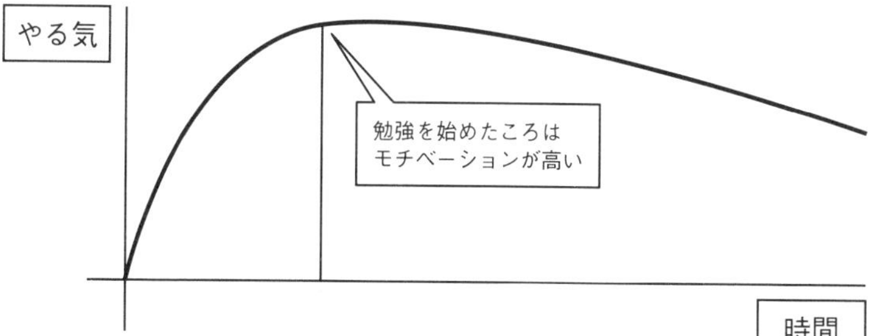

□ 勉強を始めたとき、どのような気分でしたか？

自分の勉強法を見つける

語学書や参考書を読み、「効果のある勉強方法」と紹介されていても、自分にとって本当によい勉強法かどうかはわかりません。人によってライフスタイル、性格など異なるからです。

武道には「守破離」という言葉があります。「守」とは、指導者に教えられたことを忠実に守り身につけること。「破」とは、指導者の教えを守るだけではなく、自分独自に工夫して試してみること。「離」とは指導者のもとから離れて、自分自身で学んだ内容をさらに発展させることです。

最初は勉強方法を真似ることから始まりますが、自分の性格や生活に合うように勉強法を工夫することが大切です。

例えば、帰宅時間は早いけど、朝早く出勤している人、もしくは、深夜に帰宅して、朝遅く出勤する人であれば勉強する方法は変わるでしょう。そこで朝の勉強方法と夜の勉強方法を工夫します。

朝早く出勤する人の場合。朝に勉強時間をとることは難しいかもしれません。そこで夜はしっかりと机に向かって勉強して、朝は自宅で勉強しません。例えば、夜にパート3,4の問題を解いて答え合わせをします。朝は通勤時間を利用して、昨夜に勉強した問題をシャドーイングして復習します。できれば、机で勉強できるのがのぞましいですが、こだわってしまうと勉強を継続できません。

人によっては得意分野が異なります。もしも、パート1が得意な人がいれば、パート1を勉強する必要はありません。20分間、パート2、3といった組み合わせで勉強するのもよいでしょう。

自分に一番合う勉強法とは「自分で考えた勉強法」です。自分で納得したやり方であればこそ勉強を続けられます。

□ あなただけの勉強方法はありますか？

4章

当日の心構え

いつも同じように行動する

試験を受けるときはいつも同じ行動パターンをするように心がけるとよい状態でのぞめます。私は起床時間、会場の到着時間はいつも同じようにしています。

試験当日は睡眠をしっかりとるため、7時から8時に起きるようにしています。試験開始の3時間以上前に起きることが大切です。なぜなら理解力や読解力など試験に必要な能力を生み出す、脳の前頭前野は起きてから4時間後から6時間後にベストになると言われているからです。

例えば、TOEICの試験は13時開始であるため、7時～9時ごろに起きるのがベストです。反対に10時以降に起きて試験にのぞむと試験のパフォーマンスが悪くなる可能性があります。もちろん個人差はあるかもしれませんが、自分のベストタイミングで起床しましょう。

試験会場には受付開始時間前、つまり、11時30分前に到着するようにします。特に誰でも初めて訪問する場所に行くときには緊張するものです。少しでも長く会場に滞在することによって、会場に慣れておきます。反対に電車の事故で遅れたり、道に迷ったりして、受付時間ぎりぎりに到着すると心の状態がよくないまま試験を受けることになります。そのようなことを避けるためにも余裕を持った行動が大切です。

一番早く会場に到着すると、落ち着いて試験にのぞむことができます。私の場合、席に到着したらすぐに自分の個人情報、アンケートなどマークシートへ記入します。記入が終わったら、会場を離れて静かな場所へ移動し、問題集を読みながら復習しています。あとは「試験を受けるだけ」という心構えでいれば、落ち着いて受験できます。

□ あなたはいつもと同じ行動をしていますか？

今まで解いてきた問題を解く

リスニングの勉強をしていると「こんなに簡単な文章なのに聞き取れなかった」と思ったことはないでしょうか。自信がないと聞こえるものも聞こえなくなるもの。試験本番では自信を持ってのぞむことが大切です。試験当日は今まで解いてきた問題のみ取り組みましょう。新しい問題を解いて間違えてばかりいると「苦手意識」が生まれて、自信を失ってしまいます。

私はTOEICの新公式問題集を使用しています。試験会場に向かう前にマークシートを用意する、時間を計測するなど本番の試験を想定し、自分の解き方をチェックします。いきなり、本番の試験にのぞむより、試験の流れを一度でも経験していたほうがのぞみやすくなります。

もしも、TOEICの問題集を何度も解いてしまい、余裕があれば、リスニング問題を「2倍速」で聞くのもおすすめです。試験直前まで倍速機能が付いているレコーダーで「2倍速」で聞き続けると、試験本番になったときに問題が遅く感じるでしょう。それほど効果は続きませんが、リスニングの最初につまずいてしまうと、他のパートにも支障をきたすため、とても有効な方法です。

□ あなたは試験当日、どの問題集で勉強しますか？

食事を制限する

TOEICでは試験の受付を済ませるまでに昼食をとる必要があります。昼食を抜くという方法もありますが、頭に栄養が回らず、試験に支障をきたす可能性があるためおすすめできません。しかし、食べすぎも要注意です。人は食事をすると食べた物を消化するために血液が胃へ回り、頭が働かなくなったり、眠くなったりします。

試験当日の昼食は腹5～8分目ぐらいにしておきましょう。私はおにぎりを2個食べるか、もしくは、おにぎりとゼリーをひとつずつ食べていました。あまりにも食べる量が少なくなると、試験中にお腹が減ってしまう（お腹が鳴ってしまう）ことさえあり、集中できません。

自分がどれくらいの量を食べれば、試験に集中できるのかを考えて食事をとりましょう。また、頭を使うと糖分を消費するため、チョコレートのような甘いものをとるのもよいです。糖分を補給する際に気をつけたいのがタイミングです。あまりにも食べるのが早すぎると、試験中にエネルギーが切れてしまいます。そのため試験直前の休憩に甘いものを食べます。

TOEICでは「ユンケルを飲めば結果がよくなる」という噂が

あります。試験会場では試験直前に栄養ドリンクを飲んでいる人を見かけます。栄養の補給もさることながら「思い込み」がプラスに働いているように感じます。「○○を食べれば（飲めば）集中できる」と思い込めれば、どんな食べ物・飲み物でも大丈夫です。「勝てる」と思えるようにかつ丼を食べる人さえいます。

TOEICの試験会場は学校や会議室で行われることが多いですが、ごく稀に休憩する場所がなく、座って食事ができないところもあります。特に民間の会議室が多く、私は立ちながら食事をしたこともありました。どんな状況であっても食べられるものを用意しましょう。試験会場が大学ではない場合は気をつけてください。

□ あなたは試験当日、何を食べますか？

受付終了直前にトイレを済ます

TOEICでは12時20分に受付終了後、12時25分からテープによる説明を開始します。その後、10分ほど休憩があります。休憩終了後、受験票の回収と本人確認が行われ、13時から試験開始になります。試験中は一切休憩がありません。ごく稀にですが、試験中にトイレに行く人がいます。試験時間にカウントされてしまうため、とてももったいないことです。

毎回、試験開始前の休憩になって、トイレに向かう人が多いです。よく女性トイレの前に行列をつくっている光景を見かけます。会場によっては1つのフロアにトイレが1つしかない場合があり、休憩時間内に「トイレに行けるのか」と思うくらい長い行列ができることさえあります。すると、自分の番を待っている間にイライラしたり、不安になり、心に負担をかけてしまいます。

そのような状況を回避するために、トイレに不安があれば、受付終了時間ギリギリ（12時10分ごろ）にトイレを済ませてください。時間をずらすことで、待たされることなく、安心して試験にのぞむことができます。まず、試験会場に到着したときにトイレの場所を確認しておきましょう。

□ あなたはいつトイレに行きますか？

場所を変更する

TOEICの試験会場は自分で選ぶことができません。稀に1部屋で100人ぐらい収容できる広い試験会場で受けることもあります。毎回、リスニングの試験はラジカセを使用して実施されることが多く、一番後ろの席になった場合、音声が席まで届きにくく、物理的に聞きづらいことがあります。もしも、音が聞き取りづらい場合は席を変更するように試験官に申し出ましょう。**最高の環境で受験することが高得点につながります。**

私は一度だけ隣の席の人に邪魔されてしまい、リスニングの試験に集中できないことがありました。試験開始前から気になっていたのですが、隣の席の人の机の上に大量のティッシュがありました。花粉症なのか風邪なのかわかりませんが、試験開始前からよく鼻をかんでいたのです。席を変更せずに受験したのですが、それが失敗。リスニングの試験中もまわりに遠慮せずに何度も鼻をかんでいました。そのたびに試験の音声が聞き取りづらく、集中して聞くことができませんでした。毎回、TOEICの試験には欠席者がいます。できれば、前の席に変更してもらえるように試験官にお願いしましょう。席の変更が無理な場合、「最悪な環境でどれぐらい点数がとれるのか」と前向きに考えるとよいです。

□ あなたの場所は一番聞き取りやすいですか？

筆記用具は鉛筆を使う

TOEICでは筆記用具（HB鉛筆、シャープペン、消しゴム）が指定されています。できれば、試験を受ける際には「鉛筆」を使用することをおすすめします。マークシート用の鉛筆も販売されていますが、TOEICのマークシートの読み取りの精度は高く、そこまでこだわる必要はありません。

シャープペンの場合、芯が折れる、なくなるなどして補充する必要があり、時間を無駄にする可能性があります。鉛筆なら、しっかりと芯を削っておけば、いつでもすぐに記入することができます。鉛筆を落としてしまうこと、芯が丸くなって書きづらくなることなどを想定して、2本以上用意しておくとよいです。

2本以上用意すれば気持ちの切り替えもできます。もしも、試験中に焦ってしまった場合、現在記入している鉛筆を使用するのをやめて、他の鉛筆に変更します。人は触れるものが変わると、考え方が変わりやすくなります。鉛筆を取り替えれば、数秒ですが、取り組んでいる問題について考えなくなります。もしも、それでも気持ちが切り替わらなければ、鉛筆を机に置いて、試験会場を見渡し、なるべく10秒以上息を吐いて、深呼吸しましょう。緊張が和らぎ、リラックスし、集中して問題に取り組めます。

□ あなたは鉛筆を何本用意しますか？

前向きな言葉を用意する

リスニングでも、リーディングでも、わからない問題については深入りしないようにしてください。**もしも、解答するのに悩んだ場合、「すぐに」マークをしましょう。**いくら悩んだとしても時間を無駄にするだけです。

一番よくないのが、次の問題へ嫌な気持ちを引きずってしまうこと。解答できる問題さえ解けなくなるかもしれません。満点を目指す人でないかぎり「1問捨てても大丈夫」「次の問題を頑張ろう」くらいに考えましょう。気持ちの切り替えが大切です。

例えば、プロゴルファーのタイガー・ウッズ選手はいい球を打てたときには「ナイスショット」と堂々と自分をほめ、ミスショットをしてしまったときは「ネクストタイム（次はうまくいくさ）」と自分を明るく励ましていました。

試験会場では声を出すことができませんが、自分なりの前向きなセリフを用意して、心の中、もしくは、小声でつぶやくとよいです。つぶやいている瞬間だけは前向きに考えることができます。

□ あなたはどのような言葉で気持ちを切り替えますか？

時間配分を考える

試験本番が近づいたら、「時間」を意識するためにノートもしくはTOEICの注意事項が記載されている紙に「時間配分表」を書きましょう。頭で考えるよりも、直前に書くことで意識が高まります。リスニング問題は時間が決まっているため、リーディング問題（75分）のみ考えます。できれば、今まで勉強してきたとおり、4つに配分するとよいです。私の場合は次のとおりでした。

パート5	短文穴埋め問題	12分
パート6	長文穴埋め問題	8分
パート7	読解問題（シングルパッセージ）	28分
	読解問題（ダブルパッセージ）	20分
	合計	68分

本番はなかなか練習どおりにいかないため、なるべく時間に余裕を持たせることが大切。私の場合は予備時間を10分設けていました。特にダブルパッセージの中には難しい問題が含まれていることがあり、1題5分以上かかってしまうこともありました。

実際に試験を受けているときには時間どおりに進んでいるかチェックしましょう。パート5を終えたとき、パート6を終えたとき、パート7（シングルパッセージ）を終えたときの時間をチェックします。予想時間より早く終えたのであれば「順調に進んでいる」ことを実感できます。もしも、予想時間以上かかっていれば、気が引き締まります。人は締め切りがあったほうが頑張れるものです。私はダブルパッセージまでに「20分」残せるように意識していました。

□ あなたはどのように時間配分をしますか？

あなたの理想の時間配分を考えましょう。

パート5	短文穴埋め問題	分
パート6	長文穴埋め問題	分
パート7	読解問題（シングルパッセージ）	分
	読解問題（ダブルパッセージ）	分
	合計	分

最悪を想定する

もしかすると、試験直前に「今まで勉強してきたとおりに解けるかどうか」不安になることもあるかもしれません。いくら万全に準備したとしても、なかなか思うとおりにいかないもの。勉強しているときと本番の試験を受けているときでは緊張感が全く違います。TOEICで高得点を取得する人でも変わりありません。

少しでも順調に試験にのぞむには「最悪な事態」を想定して、対策を考えることが大切です。実際に最悪のケースが起きたとしても、動揺せずにすぐに対応することができます。事前に自分の解答ルールを設けましょう。

「パート2の問題を解いていて聞き取れなかった場合、Aに記入する」
「パート3の問題を聞いていて全く話の内容がわからなければ、諦めて、次の問題の先読みに専念する」
「パート5の問題を解いていて30秒以上わからない場合、頭に思い浮かんだ解答を記入する」

□ あなたのルールは何ですか？

5章

試験本番

パート別対策

ナレーション中に問題を先読みする

TOEICの試験では問題に入る前に問題を説明するためのナレーションが流れます。すでに公式問題集、TOEICの問題集に取り組んでいる人にとっては解答方法を知っているため必要ありません。そこで自分の苦手な問題を確認するために時間を費やしましょう。特にパート1のナレーションの時間に何をするのかが得点を左右します。このときは、試験が始まったばかりなので比較的落ち着いた行動がとれます。

パート1が始まるまでのナレーション時間は1分15秒ぐらいです。私の場合は下記のように取り組んでいました。

1 パート3の問題（問題、すべての選択肢）を2問読む
2 パート4の問題（問題、すべての選択肢）を2問読む
3 パート1の問題の写真をすべて見る

パート3、パート4は問題を先読みできるかが大切です。パート3、パート4にもナレーションの時間がありますが45秒ぐらいしかないため、先に問題を読むことは難しいもの。特にパート2、パート3のリスニング問題が順調に解答できないと、マイナスな気持ちを引きずってしまい、パート3、パート4のナレーションの時に冷静に先読みできません。パート3、パート4の問題を先読みできたら、最後にパート1の写真をチェックすることに残り時間を費やします。

パート2のナレーション時間も1分15秒程度です。パート2は問題用紙に問題が掲載されていないため、「パート3の問題のみ」読みます。パート1で一度チェックした問題を覚えていれば、3問目以降もチェックするのもよいです。とはいえ、その場合、ページをめくって確認する必要があるため、あまり無理しないほうがよいです。

パート1、パート2のナレーションの時間を利用して、繰り返し問題を先に読むことで先読みの精度を上げます。パート3の問題が解きやすくなり、解答のリズムを作ります。特にパート3はパート1、パート2と比べて考える時間、解答をマークする数など作業量が増えます。最初の問題を解けないと先読みのリズムを作れず、その後の問題も順調に解けなくなる可能性があります。ナレーションの時間は先読みのために活用しましょう。

パート1

すべて問題を聞いてからマークする

パート1では問題冊子の写真に関する4つの文章が流れます。文章を聞いて、最も写真と一致している文章を1つ選びます。

(A) Houses are lined up along the shore.
(B) Sailboats are pulled up on the sand.
(C) Waves are breaking over the rocks.
(D) People are relaxing on the beach.

TOEIC® テスト新公式問題集Vol.4（15p）より

ひっかけ問題もあるため、すべての問題を聞いてからマークしましょう。文章が4つあると、前の文章を忘れてしまい、判断が誤りやすくなることがあります。マークシートを記入する際にはマークシートに鉛筆をのせながら、記入します。もしも、答えかどうか自信がない場合、その選択肢に鉛筆をそのまま残してください。

例えば、「Aが答えかもしれない」と思いつつも、解答に自信がない場合。Aの解答に鉛筆をのせて、それ以降の問題を聞きます。すべての問題を聞いて、答えに該当する選択肢がなければ、そのままAを記入します。反対に「他の選択肢が答えだ」と思えば、それをマークします。

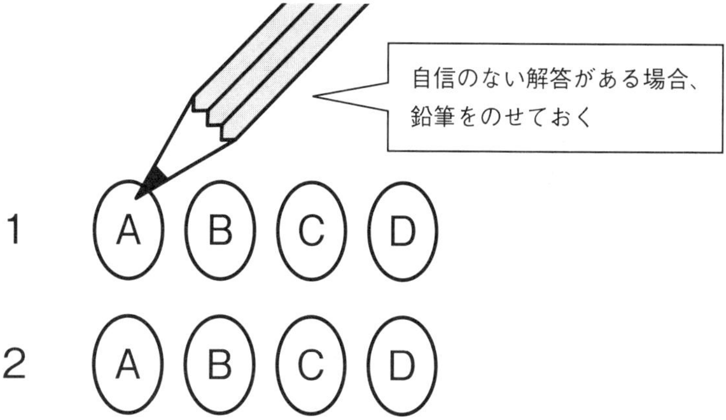
自信のない解答がある場合、
鉛筆をのせておく
1 A B C D
2 A B C D

パート2でも同じように解答するとよいです。

写真を意識して見る

突然ですが、あなたの部屋の中にある青いものを探してください。すると、青いものばかりが目に入ってくるはずです。このように意識した色が目に入ってくることを「カラーバス効果」と言います。意識をすることで必要な情報が得やすくなります。

パート1の写真を見るときにはただ見るのではなく、解答に役立つポイントを意識して見ます。たとえ文章全体が聞き取れなくても、解答に必要な単語を意識して聞くことで、解答できることもあります。

1 1人の人物がアップで写っている写真の場合

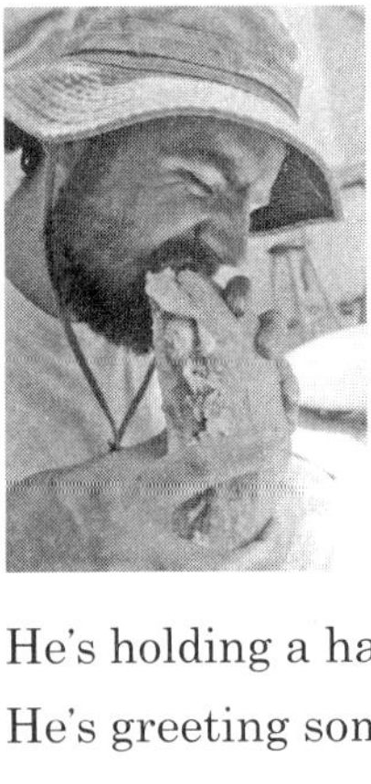

He's holding a hat.（彼は帽子を手に持っている。）
He's greeting someone.（彼は人にあいさつをしている。）

He's **taking a bite** of food.（彼は食べ物を一口かじっている。）
He's selling sandwiches.（彼はサンドイッチを売っている。）

TOEIC® テスト新公式問題集 Vol.4『解答・解説編』（6p）より

たいてい主語がすべて同じ場合が多いため、動詞を聞き取るだけで解答できます。

2 人物が2人以上写っている写真の場合

They're **looking into** a store.（彼らは店の中をのぞいている。）
They're walking out of a shop.（彼らは店から出てくるところである。）
They're trying on some shoes.（彼らは靴を履いてみている。）
They're washing a window.（彼らは窓を洗っている。）

TOEIC® テスト新公式問題集 Vol.4『解答・解説編』（6p）より

theyやpeopleと2つ以上の問題が聞こえてきたら、全員の「共通点」をチェックします。

言い換えを意識する

パート1では似たような音の単語で間違いを誘う、あるいは単語の言い換えをすることで解答しづらいようにする問題もあります。すべての単語を聞き取れないとひっかかることもあります。特にこのようなひっかけは問題の後半になると見られます。

(A) They're installing some light fixtures.
(彼らはいくつかの照明器具を取り付けている。)
(B) They're writing reports in a classroom.
(彼らは教室でレポートを書いている。)
(C) They're adjusting a microphone on a stage.
(彼らは舞台でマイクの調節を行っている。)
(D) They're examining some laboratory equipment.
(彼らは実験器具を調べている。)

TOEIC® テスト新公式問題集 Vol.4『解答・解説編』(94p) より

上記の問題では「microphone（マイク）」と「microscope（顕微鏡）」が似ています。もしも、他の文章が聞き取れず、単語だけしか聞き取れなかった場合、(C)を解答してしまうかもしれません。

また、この問題では「microphone」という言葉が選択肢にありません。「laboratory equipment」と言い換えています。もしも、「選択肢に写真に該当する単語がない」と判断した場合、単語を言い換えていないかどうか考えましょう。よくある「言い換え表現」を紹介します。

table chair sofa
→ furniture
guitar piano flute
→ musical instrument
book magazine newspaper
→ reading material
cake bread（店頭にある商品）
→ item product goods merchandise

他にもコピーを取っている写真があり、「make a copy（コピーを取っている）」を「operate machine（機械を操作している）」というように抽象的に言い換えている場合もあります。

パート2

解答リズムを作る

パート2は英語の質問文1つと3つの返答が流れます。問題冊子には何も書かれていないため、問題用紙を見ながら解きます。

パート2ならではの解き方もあります。「目をつぶりながら聞くこと」。人は視覚による影響を受けやすいため、視界を閉ざすことで集中して問題を聞くことができます。他にもうさぎの耳のように音を拾いやすくするために「手を耳に当てて聞く」方法もあります。さらに手を耳に当てることで「耳（聞くこと）」に意識が向くので集中ができます。いくら工夫をしても、パート2を解答するときに、私は集中力が切れてしまうことがよくありました。1問だけ聞きとれなかったとしても、次の問題に支障をきたすこともあり、2～3問まともに答えられないこともあります。

特にパート2の問題文はとても短いため、1つでも単語を聞き逃してしまうと正確に解答できない場合があります。パート2は解答のリズムを作りながら集中して聞くことが大切です。例えば、試験問題のアナウンスとペースを合わせること。具体的には問題と問題の間に必ず息を吐きます。なるべくすべての息を吐き切ることが大切です。息を吐き終わったら、問題が流れるようにします。毎回これを繰り返すことで、リズムを保ちながら解答することができます。

最初の言葉に注意を払う

解答のリズムを作り、質問の「最初の1語」を集中して聞きます。それさえできれば、半分以上の問題を解答できます。特にWhat、Who、Where、Why、When、Howなど「5W1H」の疑問詞は聞き取るだけで確実に解くことができます。

What size shoes do you wear?（どのサイズの靴を履いていますか。）

(A) No,she doesn't.
(B) Size eleven.（11サイズです。）
(C) It's not fair.

Why isn't Ms. Matsui in her office?（Matsuiさんはなぜ彼女のオフィスにいないのですか。）

(A) On the left.
(B) She's out sick.（彼女は病気で休んでいます。）
(C) Every Friday.

TOEIC® テスト新公式問題集Vol.4『解答・解説編』（9p、11p）よりとはいえ、問題の後半になると、たとえ疑問詞を聞き取れたとしても、それだけでは解答できない場合があります。しっかりと選択肢を聞き取るようにしましょう。

Who knows the easiest way to get to the highway?
（だれが幹線道路に一番出やすい道を知っていますか。）

(A) I'll show you on a map.（私が地図で教えてあげましょう。）
(B) Higher than that.
(C) Straight down the hallway.

TOEIC® テスト新公式問題集 Vol.4『解答・解説編』（14p）より

また、まれにですが、疑問詞の応答の解答として「I have no idea.（わかりません）」という選択肢が出てくる場合もあります。

パターンを意識する

最初の出だしが「5W1H」以外の場合、すべての文章を聞き取る覚悟をしたほうがよいです。なるべく問題のパターンを覚えておくと落ち着いて解答できます。**パート2**の疑問文は4つのタイプに分けられます。

❶ 選択疑問文

Can you repair the ceiling light, or should we call the electrician?
（天井の照明を修理してもらえますか、それとも電気技師に電話したほうがいいですか。）
I can probably do it.
（私がたぶんやれると思います。）

TOEIC® テスト新公式問題集Vol.4『解答・解説編』（97p）より

❷ 付加疑問文

You have a degree in chemistry, don't you ?
（あなたは化学の学位を持っていますよね。）
Yes, from the state university.
（はい、州立大学で取りました。）

TOEIC® テスト新公式問題集Vol.4『解答・解説編』（11p）より

3 否定疑問文

Haven't you read that book already?
(あの本はもう読んだのではないのですか。)
No, it was just published.
(いいえ、それは出版されたばかりです。)

TOEIC® テスト新公式問題集 Vol.4『解答・解説編』(12p) より

4 間接疑問文

Do you know who will be taking over after Claudia retires?
(Claudia が退職した後、誰が引き継ぐか知っていますか。)
We don't know yet.
(私たちはまだ知りません。)

TOEIC® テスト新公式問題集 Vol.3『解答・解説編』(12p) より

パターンを覚えておけば、問題が聞き取りやすくなります。例えば、付加疑問文の場合は解答に支障をきたさないため「don't you」を無視し、否定疑問文の場合は否定語「Haven't」を意識せずに「Have」と考えます。また、間接疑問文の場合は「who 以降の文章」を意識して聞くとよいでしょう。

ひっかけ問題に気をつける

パート2では「類似発音」「誤連想」「単語の反復」といったひっかけ問題があります。特に正確に問題を聞き取れなかったときに、選択肢と同じ言葉が問題文に入っていると正解ではないかと思ってしまうもの。まず、類似発音について紹介します。

《 類似発音 》

Why are you here so **late** ?
(A) That's the wrong **date.**
(B) I have to finish the budget.
(C) No, we haven't **lately.**

TOEIC® テスト新公式問題集 Vol.4『解答・解説編』(97p) より

「late」と「date」「lately」が似ています。類似発音に気をつけていれば、消去法で正解がわかります。次に「誤連想」「単語の反復」を紹介します。

《 単語の反復・誤連想 》

Why did Jason **call** the **hotel?**
(A) It's in the **lobby.**
(B) To cancel our reservation.
(C) I'll **call** everyone else.

TOEIC® テスト新公式問題集 Vol.4『解答・解説編』（96p）より

正確に問題を聞き取れず、hotelという言葉が頭の中に残っていると「lobby」が正解ではないのかと迷うかもしれません。また、「call」のように質問文中の単語と同じ単語が選択肢にあった場合、ひっかけである可能性が高いです。この問題も「単語の反復」と「誤連想」に騙されなければ、消去法で正解(B)を選ぶことができます。

問題を先読みする

パート3は人物2人の会話を聞いて3つの設問に答える問題です。4つの選択肢から解答を選択します。できれば、問題文が流れる前に設問の先読みをすることが大切です。特にパート3は会話文であるため、ストーリーがわかりやすいパート4と比べて、会話がどのように展開するのか想像するのが難しいものです。解答をするために聞き取るべきポイントを事前にチェックすることできれば、比較的解答しやすくなります。

特に最初の問題（41～43）が肝心です。その問題を先読みして、理想の流れで解答できないと他の問題を解答するリズムが崩れてしまいます。理想の流れとしては、ディレクションが読まれている間に、41、42、43の設問と選択肢を読むことです。

とはいえ、ディレクションの時間は短いため、それだけの時間ですべての設問、選択肢を読むことは難しい。特にパート2の出来が悪くて、気持ちの切り替えができていないとなおさらです。そこで114ページでも紹介しましたが、パート1のナレーションのときにパート3の問題と選択肢を読んでおくことが大切。問題・選択肢を振り返ると言ってよいでしょう。会話文が流れている間に解答をすませます。そして、「What most～?」「What is～?」など設問が読まれている間に、次の問題（44、45、46）の設問と選択肢を先読みします。このプロセスを繰り返します。

Directionc:You will hear ～ ①

41. What most ～ ? ②
(A)・・・・・
(B)・・・・・
(C)・・・・・
(D)・・・・・

①ディレクションが流れている間に、
41～43の設問・選択肢を先読みする

42. What is ～ ? ②
(A)・・・・・
(B)・・・・・
(C)・・・・・
(D)・・・・・

43. Why is ～ ? ②
(A)・・・・・
(B)・・・・・
(C)・・・・・
(D)・・・・・

44. What most ～ ?
(A)・・・・・
(B)・・・・・
(C)・・・・・
(D)・・・・・

②41～43の設問が流れている間に
44～46の設問・選択肢を先読みする

45. What is ～ ?
(A)・・・・・
(B)・・・・・
(C)・・・・・
(D)・・・・・

46. Why is ～ ?
(A)・・・・・
(B)・・・・・
(C)・・・・・
(D)・・・・・

犠牲にする

もしも、先読みするリズムが崩れてしまった場合。1つの問題を諦めるのもよいです。1つの問題にこだわりすぎて、次の問題の設問や選択肢を先に読めなくなれば、次の問題も満足に解くことはできません。さらにそれだけではなく、問題が雪崩のように押し寄せてくるかのように感じて焦ってしまい、それ以降の問題も解けなくなります。

実際に私が800点ぐらいの点数を取得していたころ、先読みのリズムを保つために問題を1問捨てていたこともありました。700～800点台前半が目標であれば、**パート3**は10問程度間違えても大丈夫です。問題の後半になるにつれて難易度が高まってきます。そこで、前半の問題は3問正解するつもりで取り組み、後半の問題は3問中2問正解するつもりでのぞむのもよいです。

常に問題を先読みすることは難しいかもしれません。少しでも先読みするための時間を作る必要があります。例えば、リーディングの時間を犠牲にして、解答の記入時間を先読みの時間に回します。パート3（パート4）を聞いているときだけ、マークシートを正確に塗りません。目印をつけるように解答をチェックしておきます。パート4が終わった時点ですべて記入します。

マークシートにすべて記入するのに2～3分程度しか時間はかかりません。リーディングの時間を失うことはつらいですが、リスニングのほうが点数をとりやすいものです。私の場合、800点以上取得するようになってからはリーディングを優先するために、リスニング問題を聞くと同時に正確にマークをしていました。リーディングを解くとき、時間に余裕がある人にはおすすめします。

全体を問う問題を確実に正解する

設問のタイプを把握しておくこと。**パート3**の設問を大きく分けると「全体」を問う問題と「部分」を問う問題に分けられます。全体を問う問題とは下記のような問題です。

What are the speakers discussing?
（2人は何について話していますか）

(A) A television program（テレビ番組）
(B) An office relocation（会社の移転）
(C) A work deadline（作業の締め切り）
(D) A colleague's transfer（同僚の転勤）

TOEIC® テスト新公式問題集 Vol.4（85p）より

他にも下記のような設問があれば、全体を問う問題です。

「Who most likely is the woman?（職業について）」
「Where most likely are the speakers?（場所について）」
「What is the woman asking about?（問い合わせ内容について）」
「What does the conversation most likely take place?（会話について）」

全体を問う問題は問題文をしっかりと聞いていれば答えやすいため、確実に正解できるようにしましょう。1問目の設問であることが多いです。反対に「部分」を問う問題は問題文を詳しく聞かないと答えられません。

What does the man like about the new computer system?
(男性は新しいコンピュータシステムのどんな面を気に入っていますか)

(A) It can be updated easily.（更新が簡単にできる）
(B) It has a large storage capacity.（記憶容量が大きい）
(C) It does not take long to install.（インストールに時間がかからない）
(D) It processes orders quickly.（注文を素早く処理する）

TOEIC® テスト新公式問題集Vol.4（87p）より

話の順番を意識する

1つの問題につき設問は3つですが、たいてい解答のヒントは会話の順番でわかることが多いです。会話文を聞くときには「前半に1つ」「中盤に1つ」「後半に1つ」答えのヒントがあると思って聞くとよいです。

男性：①**Excuse me, are you waiting for the 9:15 train to Linton?** I'm a bit late, but I really hope I didn't miss it.

女性：No, you haven't missed it. When it didn't come on time, ②**I checked to see if the timetable had been changed.** But the ticket agent said all the trains on this line are a few minutes behind schedule this morning.

男性：③**Oh, good. I should still get to work on time,** then - I have to teach a class at the university. My students are giving presentations today, and I don't want to keep them waiting.

①Where does the conversation most likely take place?

(A) In a car repair shop

(B) At a train station
(C) In a classroom
(D) At a box office

②What does the woman say she has done?

(A) Checked a schedule
(B) Prepared a presentation
(C) Ordered some parts
(D) Reserved some tickets

③Why is the man pleased?

(A) A friend has offered to help him.
(B) The cost was reasonable.
(C) Tickets are still available.
(D) He expects to arrive on time.

TOEIC® テスト新公式問題集 Vol.4『解答・解説編』(15p) より

また、「What will the man probably do next?」のように「これからどうするか」「次にどうするか」といった「next」で終わる設問の場合、会話の最後に答えがあります。とはいえ、すべての会話文を聞いてから判断しなければならない問題もあるため注意してください。

性別を意識する

パート3では男性と女性の会話のやり取りが流れます。設問の中には「woman」「man」といった単語が入っている場合があります。もしも、性別に関する単語が設問に入っていた場合、会話の順番を意識しながら問題を聞くと解答しやすくなります。

女性：Hi, Mr. Armstrong. This is Jenny Wilson, **the receptionist** at Morningside Medical Group. I just got your message about changing your appointment for today.

男性：Yes, I've just been asked to attend **a meeting with an important client** later today, and that means I can't make it to see Dr. Lee at four. Is there any way you could fit me in earlier today?

女性：Hmm...No, I'm sorry. We're completely booked for today. Another patient has canceled an appointment for eight o'clock tomorrow morning, though.Can you come in then?

男性：Sure, that's no problem. I'll be there by eight. Thanks so much for your help.

①Who most likely is the **woman**?

(A) A receptionist
(B) A writer
(C) A travel agent
(D) A doctor

②What is the **man** planning to do in the afternoon?

(A) Attend a show
(B) See some patients
(C) Meet a client
(D) Shop for books

TOEIC® テスト新公式問題集Vol.4『解答・解説編』（16p）より

「Who most likely is the woman?」とあれば、女性の会話に解答のヒントがあります。また、「What is the man planning to do in the afternoon?」とあれば、男性の会話に解答のヒントがあります。例えば、①の問題に解答する場合、女性の最初の会話が流れたときに職業を意識します。

最初の文章から6つのパターンをイメージする

パート4は約1分30秒～2分程度のアナウンスを聞きながら、設問に答える問題です。1つのアナウンスに対する設問は3つで、4つの選択肢から解答を選びます。パート3と同様に、設問と選択肢の先読みが大切です。アナウンスの内容としては6つのタイプに分かれます。

1 社内アナウンス

新入社員へのオリエンテーション、営業職員への研修の案内、社内の施設のアナウンス。

2 電話

企業の電話の自動応答メッセージ。用件別に何番のボタンを押してほしい、もしくは、他の電話番号にかけてほしいなどと流れます。

3 ツアー

社内見学、工場見学、美術館などでのツアーの案内。例えば、ガイドの人がツアーのスケジュール、注意点を話します。

❹ ニュース・番組

交通情報、天気、番組の紹介、ゲストの紹介。

❺ スピーチ

講演会、シンポジウム、受賞パーティ、昇進パーティ。司会の人が当日の予定、ゲストなどを紹介する場合が多いです。

❻ アナウンス

「広告・宣伝（商品、サービス）」「アナウンス（空港・飛行機内・電車内・デパート）」

まず、どのパターンなのかイメージしながら聞くと解答しやすくなります。そのために最初のメッセージを聞き逃さないことが大切です。例えば、問題のナレーションで「through refer to the following radio broadcast」と聞き取ることができれば、ラジオ放送に関する話題であることがすぐにわかります。

パターンを見極めて解く

パート5は全部で40問からなる短文穴埋め問題です。できるだけ、パート5ではパート7に時間を割けるように速く解答して、「時間を稼ぐこと」が大切です。そのためにはすぐに解ける問題とすぐに解けない問題を見極めることです。例えば、すべての文章を読まなくてもわかる問題についてはすぐに解答しましょう。

《例：品詞問題》

Visitors to the library are asked to speak -------- and keep conversations brief when in the main reading room.

(A) quiet　**(B) quietly**　(C) quietest　(D) quietness

TOEIC® テスト新公式問題集 Vol.4（48p）より

形容詞、副詞、名詞など、同じような単語が並んでいた場合は品詞問題です。空所の前後を見て、答えを判断します。この設問の場合は、直前の動詞（speak）を修飾する「副詞（quietly）」が正解です。

《 例：熟語を知っていれば解ける問題 》

The new-product development meeting will be held **either** in Room 402 ------ in Room 501.

(A) or

(B) and

(C) not

(D) but

TOEIC® テスト新公式問題集 Vol.4（92p）より

「either A or B」という熟語を知っていれば、either という単語を発見できれば、すぐに「or」が導き出せます。

知識が問われる問題に固執しない

パート5はすぐに解答を思い浮かばなければ、いくら考えても答えは出ません。「熟語」を知らないと答えられない問題、選択肢の単語がわからない問題などに遭遇したら、とりあえず「これだ」と思う選択肢をマークして先に進みましょう。

人によってはなかなか割り切れない人もいるかもしれません。その場合、事前に解答がわからなかった場合には「最大で30秒は考える」というように、どこまで時間をかけて解くのか決めておくとよいです。意地になって問題を解こうとしても時間を無駄にするだけです。

【選択肢の単語の意味がわからないと解答できない問題】

The store ------- charged Ms. Han's credit card twice for the same purchase but quickly corrected its error.

(A) uniformly
(B) potentially
(C) inadvertently
(D) functionally

TOEIC® テスト新公式問題集Vol.4（95p）より

もしも、パート7まで解き終わり、時間に余裕があれば見直します。知識が問われる問題に時間を割かない分、その場で考えれば解答できる問題に注力します。

問題すべてを読まない

パート6の設問は全部で12題。1つの文章につき、3つ問題が出題されます。問題の内容としてはEメール、手紙、求人情報、報告書などさまざまです。長文問題のように見えるかもしれませんが、穴埋め問題であるため、パート5と解き方は変わりません。

最初に選択肢を見て、すぐに解答できるか、できないかを判断します。もしも、すぐに解答できるような品詞問題であれば、空欄の前後を見て解答します。

We collect customer ------- in order to enhance your shopping experience

(A) informs
(B) informed
(C) information
(D) informational

and to communicate with you about new products and sales.

TOEIC® テスト新公式問題集Vol.3（96p）より

すでに「collect（動詞）」があるので(A)は×。空欄には文法上、形容詞は入らず、可能性としては副詞、名詞しか入りません。「customer information」で「顧客情報」を表すため(C)になります。

とはいえ、パート6ではパート5と比べて、文脈を読みながら解答しなければならない問題が増えます。例えば、時制問題。

Room&Bloom Publishing Group -------

(A) hiring
(B) has hired
(C) is hiring
(D) hired

an associate editor for the gardening section. This full-time position **requires** a dynamic individual who **will** provide support for the editorial --------

TOEIC® テスト新公式問題集 Vol.3（94p）より

時制問題は文章の内容、もしくは、動詞をチェックして解答します。requires, willなどの文言から、これから人を雇用することがわかるため、未来を表現する動詞「**(C) is hiring**」を選びます。

他にも「文章と文章」をつなげる「接続副詞」「接続詞」に関する問題もあります。文章の流れを見ながら、前の文章の流れを受けるのか、否定するのか判断しながら解答します。まず、そのような問題に解答するには、よく出題される「接続副詞」「接続詞」「前置詞」を覚えておくことが大切です。単語がわからなければ、文章の流れがわかったとしても解答できません。

【接続副詞】

「Moreover（さらに）」
「However（しかしながら）」
「Therefore（それゆえ）」
「Thus」（したがって）
「Otherwise（さもなければ）」
「Until then（その時まで）」

【接続詞】

「Although（～だけれども）」
「Because（なぜなら）」
「while（～の間）」
「Unless（もし……でなければ）」

【前置詞】

「Despite（……にもかかわらず）」
「In spite of（……にもかかわらず）」
「During（……の間ずっと）」

反対に文章が1つしかないパート5では接続副詞、接続詞が解答になることはありません。もしも、接続詞、接続副詞を解答に見かけたら不正解と思っておいたほうがよいです。

パート6の2つの解法パターン

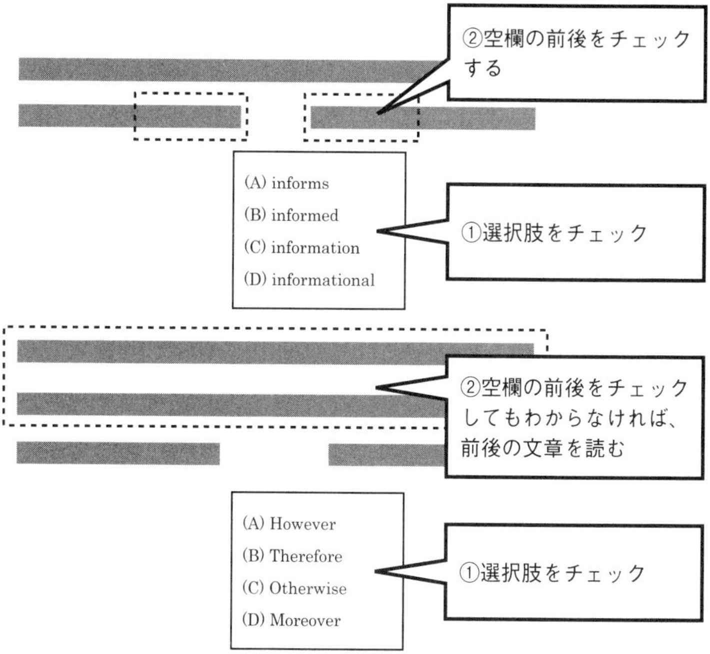
②空欄の前後をチェックする
(A) informs
(B) informed
(C) information
(D) informational
①選択肢をチェック
②空欄の前後をチェックしてもわからなければ、前後の文章を読む
(A) However
(B) Therefore
(C) Otherwise
(D) Moreover
①選択肢をチェック

設問を先に読む

パート7では、パート4を解くようなイメージで設問文を先に読みます。本文を読んでから問題を解くと、設問の手がかりがどこにあるのかわからず、最初から本文を探すことになり、時間がかかります。

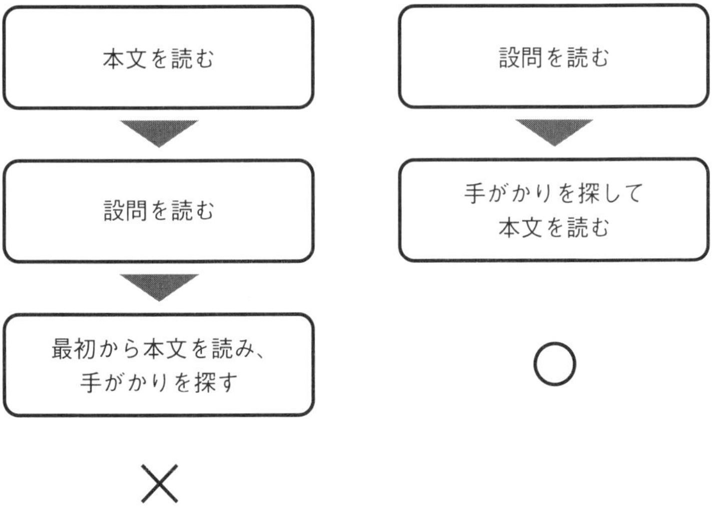

解答の手がかりとなる「キーワード」を意識して設問文を読みます。特に「人物名」「地名」など固有名詞があると、設問文の中から情報の書かれている箇所を容易に探すことができます。す

べての文章を読まなくても解答できてしまうこともあります。

稀にですが、キーワードが本文中に見つからない場合があります。そのようなときは「同じ意味の別の単語や別の表現に言い換えられている」と考えましょう。

設問が4つ以上ある場合、もしくは、5つ以上ある場合（ダブルパッセージの場合）すべて設問を読んだとしても忘れてしまうものです。4～5つの設問を読むのではなく、無理せずに設問を2、3つ読んでから問題文を読んだほうがよいです。特にダブルパッセージの場合、4つ目の設問、5つ目の設問の解答は2つ目の問題文にある可能性が高いです。

シーンを把握する

リスニング問題では先読みすることで聞きやすくなるように、リーディング問題でも何について書いてあるのかわかると、文章が読みやすくなります。英文では第1パラグラフ（最初の文章）にその文章で伝えたいことがまとめられていることが多いです。特に「記事」「広告」などの問題ではよく見られます。

また、**パート7**では「メール」や「手紙文」が出題されることが多いです。ダブルパッセージ問題ではメールや手紙と文章、もしくは、両方ともメールといった問題があります。まず、メールや手紙の問題が出題された場合、誰が誰に出したのかを把握しましょう。チェックするには手紙の場合は宛先、差出人、メールの場合はメールアドレスをチェックするとよいです。

To:dgerard@wosmag.com

From: jtobin@wosmag.com

例えば、メールアドレスのドメイン（wosmag.com）が同じ場合、同じ企業の社員同士のメールであることがわかります。反対にメールアドレスのドメインが異なる場合、お客様とのやりとり、苦情対応などである場合があります。稀にメールに3人関わることもあります。もしも、混乱してしまった場合、関係図を図で考えてみるのもよいです。

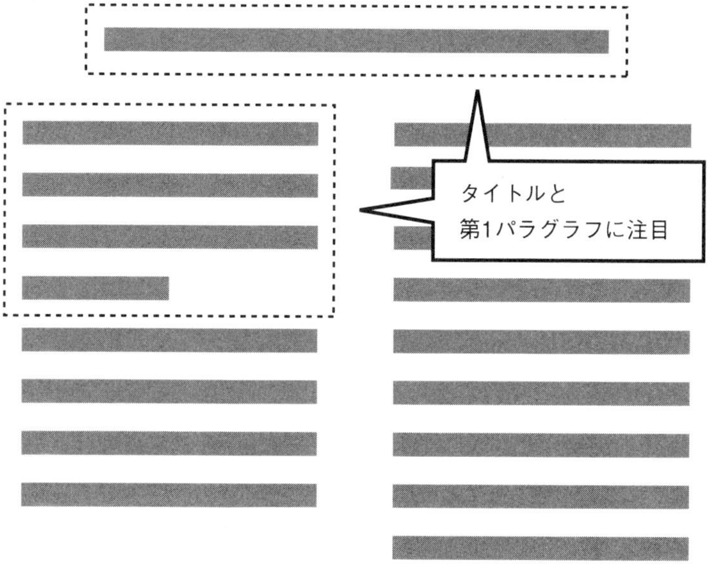
タイトルと
第1パラグラフに注目

焦らない

問題を解くのに時間がかかったり、残り時間を意識し始めたりすると、集中力が切れてしまうものです。落ち着いていれば解答できる問題でさえ、解答できなくなってしまうこともあります。少しでも集中するために指を活用するのもよいです。

例えば、現在、あなたが読んでいるパラグラフもしくは文章を指で指します。そうすることで文章への意識が高まります。また、「第2段落・3行目の～に最も近い意味の語は」のような文章の中にある単語を探して、解答しなければならない問題もあります。

The word “rate” in paragraph2, line3, is closest in meaning to

(A) price
(B) judge
(C) deserve
(D) understand

TOEIC® テスト新公式問題集 Vol.4（109p）より

単語の意味がわかれば、比較的解答しやすい問題ですが、焦っていると、なかなか文章中の単語が見つけられないこともあります。そのようなときこそ、「第1段落」「第2段落」と順番に指で指し、その後、1行目から指でなぞるように3行目を指して探したほうが時間がかからず見つけやすくなります。

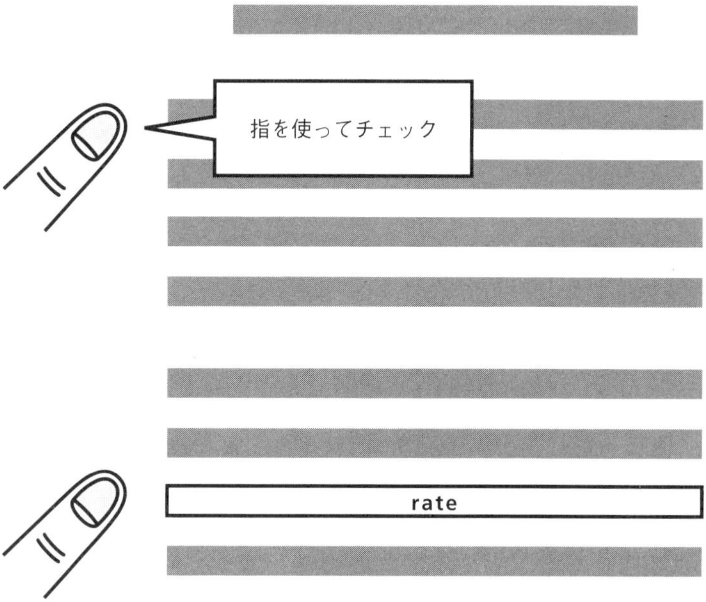

難問を諦める

「What is NOT indicated about ～」のような問題が出題された場合。パッセージと選択肢を1つずつ検討する必要があります。

What is NOT indicated about the rental apartment?

(A) It is near the beach.
(B) It has a balcony.
(C) It is on the second floor.
(D) It has a renovated kitchen.

TOEIC® テスト新公式問題集 Vol.4（113p）より

1つのパッセージを調べることで、どれが正しくない選択肢なのかあっという間に見つかる問題もあれば、見つからない問題もあります。ときには4つの選択肢のうち、2つの選択肢のヒントは1つのパッセージに、残りの1つの選択肢のヒントはもう1つのパッセージにあることさえあります。

もしも、このような難問に遭遇し、問題を解答するのに1分以上かかってしまうようであれば、それまででわかった情報をもとに解答したほうがよいでしょう。一生懸命ヒントを探せば探すほど時間がかかります。例えば、4つの選択肢で2つまで正しいかどうかわかれば、あとは2択になります。

(A) It is near the beach.　×
(B) It has a balcony.　×
(C) It is on the second floor.
(D) It has a renovated kitchen.

あとは2択

特にパート7すべての問題を解くことができない人におすすめです。時間をかけずに解答できる問題はたくさんあるので、難問よりもそのような問題を確実に解答したほうがスコアアップにつながります。

最後まで粘らない

TOEIC800点以上取得したとしても、最後まで問題を解くのは困難です。私は5～10分ほどしか時間が余らないため、いつも時間ギリギリに解答を終えています。もしも、残り時間が2分ほどで解答できない問題が20問以上残ってしまった場合。すでに挑戦している問題を解くのは控えましょう。残り時間を気にして焦りながら解答したとしても正解率は低いはずです。

たった1問を解くことにこだわるより、勘ですべての解答を記入したほうが得策です。試験のアナウンスでも流れていますが、TOEICは総正解数で点数が決まります。問題の正答率によって配点が変わるということはありません。1問でも多く解答することが大切です。

とはいえ、試験時間内にすべての問題を解答することにこだわるあまり、パート5、パート6の解答の精度が低く、リーディングの点数が伸びない場合もあります。反対に、残り時間5分でパート7の問題を20問残し、勘で解答を記入したのに、TOEIC800点以上を取得している人もいます。私は前者で、リーディングの点数は300点後半から400点前半の間を行き来していました。

少しでも速く記入するためには記入ルールを決めておきましょう。あらかじめ、すべてCを記入するとか、A、B、C、Dという順番で記入するとか決めておきます。その場で記入パターンを考えながら解答していると時間がかかります。すべて記入できず、試験終了後にマークシートを記入しようとして注意される人もいますので、気をつけてください。

残りわずかの時間をどのように使用するかで点数が異なってきます。かのナポレオンはこのような言葉を残しています。

「戦いの勝利は最後の５分間にあり」

〈付録1〉

パート別勉強法

声に出す
▶パート1勉強法

以前、**パート1**は最も簡単なパートと言われていましたが、最近では難しくなってきています。特に8番、9番、10番の問題は解答しづらいものばかりです。パート1を勉強するときには問題を聞いて解答するのではなく、4つの選択肢を声に出すとよいです。再現できない場合は何度も口に出して練習しましょう。

声に出して選択肢を再現することができなければ、まずは選択肢を書き取りましょう。なぜ、選択肢が聞き取れないのかを明確にします。例えば、「音声の速さについていけない」「単語を知らないこと」が考えられます。ときには似通った発音を混同してしまうかもしれません。例えば、「copy」と「coffee」、「work」と「walk」などは間違いやすいです。このような単語は声に出して「違い」を体で覚えることが大切です。31ページで紹介した「英語耳」でも練習できます。

もしも、電車や約束の待ち時間など暇な時間ができたら、今、目に見るものを英語で表現するのもよいです。

自分で解答を考える

▶パート２勉強法

受け身で勉強しているとなかなか身につきません。積極的に勉強しましょう。例えば、**パート２**では会話のやりとりが流されますが、実際に「自分ならどう答えるのか」答えを想定しながら問題を聞くと学習効果が高まります。仮に選択肢に自分の考えた答えがなかったとしても「考えること」に意義があります。「このように答えればいいのか」と勉強になり、より記憶に残りやすくなります。

パート２の難しいところはどのようなシーンで話しているのかわからないこと。ある程度、どのような場面で会話しているのかわかると解答しやすくなります。そのため、パート２を勉強するときには問題を聞きながらなるべく会話の状況をイメージしましょう。たいてい、カフェ、オフィス、道端、スーパーなどが多いです。

例）

「Would you like more iced tea?」
→カフェをイメージして、店員に声をかけられている場面

「How do you get to corporate headquarters?」
→オフィスで隣同士の2人が会話している場面

よりはっきりとイメージして記憶させるために、あたかも答える人になりきって、ジェスチャーを交えるのもよいです。

□ シチュエーションが思い浮かびますか？

英作文で覚える

▶パート2勉強法

パート2は短文が続くため、問題を聞くのにとても神経を使います。少しでも油断してしまうと問題を聞き逃すことさえあります。私も10問ぐらい聞いていると、集中力が途切れてしまうことが何度もありました。何とか解答のリズムを取り戻そうとしますが、すでに問題が終わりに近づいていることさえあります。

特にリスニング力がない場合は平叙文でつまずきます。「I think we should hire Mr.Sato.」のような、疑問文では始まらない文です。問題を聞いてから、どのように答えようか考えていると、あっという間に次の問題になってしまうこともあります。

パート2で高得点を取得するには問題を正確に聞き取れるようになるか、解答パターンを覚えるかしか対策はありません。正確に聞き取るには時間がかかるので、解答パターンを覚えるのが高得点への近道です。そのために英作文をすることをおすすめします。パート2の問題の日本語訳を見ながら英語に翻訳します。

例えば、問題集に「この部屋はずいぶん暑いようですが」「扇風機をつけましょう」という問題と答えがあれば、「This room seems really warm」「I'll turn on a fan」と訳します。まるっきり問題文と答えが一緒でなくてもかまいません。

一番大切なことは自分で考えることにより、解答パターンを体に覚えさせることです。できれば、より覚えやすいように声を出しながら、作文するとよいです。30問作成するのに20分ほどしか時間はかかりません。

口に出せるまで練習

▶パート3・4勉強法

パート3・4を勉強する際にはただ耳だけで音声を聞かないことが大切です。よくCDをただ聞き流すだけでリスニング力が自然とアップするといった話を聞きますが、意味がわからない英文を繰り返し聞いても勉強の効果は期待できません。

パート3・4の勉強をするときにはCDで音声を聞きながら音読するとよいです。もしも、パート3・4の音声のスピードに追いつくことができない場合、もしくは、英文を聞き取れない場合、テキストを見ながら一字一句音読しましょう。音声と同じくらいのスピードで音読できるまで練習します。なるべく棒読みをせずに、リズムやイントネーションに気をつけてください。

だんだんスピードに慣れてきたら、テキストを見ずに問題を聞き、半テンポ遅れるようなイメージで一字一句音声と同じように声を出しましょう。なるべく大きな声を出しましょう。外国人の人は比較的リアクション（声）が大きい傾向にありますが、外国人になりきるぐらいの感じで話すと話すのが楽しくなってきます。また、イントネーションも真似しやすくなります。英語を日本語のように話すようではなかなか上達しません。心から外国人になりきり、話してみましょう。

シャドーイングは場所を気にすることなく、いつでも練習することができます。もしも、まわりの目が気になり、外でシャドーイングするのが恥ずかしければマスクをつけます。私は朝でも夜でもシャドーイングを外で行っていましたが、ここまでしなくても意外と人は気にしないものです。

先読みの練習をする

▶パート3・4勉強法

パート3・4では問題が流れる前に、設問を先読みできるかどうかが点数を左右します。実際に先読みがうまくいったときとうまくいかなかったときでは点数が40～50点ほど変わることもあります。先読みで大切なことは必要な箇所だけ聞き取ること。すべての文章を把握する必要はありません。パート3で「What will happen on Friday?」という設問があったとします。その場合、「Friday」という単語に注目しながら問題文を聞きます。

必要な文章だけ聞き取れるように、リスニングの勉強をする際には単語に注目しながら聞くとよいでしょう。例えば、TOEICの新公式問題集の『解答・解説編』には「単語集」が掲載されています。もしも、その中でわからない単語があれば、どのタイミングで使用されているのかを意識しなら問題を聞き取ります。単語を集中して聞き取れるようになると「先読み」がしやすくなります。

□ すべて聞き取ろうとしていませんか？

2つの時間を意識する

▶パート5・6勉強法

パート5に取り組む際には、2つの時間を意識しながら勉強します。1つ目は「1問解答するのにかかる時間」。品詞問題のようにすべての文章を読まなくてもわかるような簡単な問題は「5秒」で解答するようにします。また、それ以外のよく文章を読まないと解答できない問題は「20秒以内」に解答するように心がけます。

2つ目は「すべての問題を解答するのにかかる時間」。できれば、40問を「12分以内」で解けるようにしましょう。毎回、勉強するときにはストップウォッチで時間を計測し、12分を切ることができるか確認します。最初は12分以内に解くのは難しいかもしれませんが、タイムを更新できるように頑張れば、モチベーションの維持にもつながります。タイムが上がれば上がるほど効率的に勉強できるようになります。

私の場合、最高で「8分」、最低で「12分」かかります。解答する時間が速くなれば、余った時間を他のことに費やすことができます。例えば、パート5に苦手意識を感じ、集中して勉強していたときにはこのように取り組んでいました。

4分　前日に解けなかった問題のみもう一度解く

12分　40問の問題を解く
4分　　答え合わせをする

復習もしながら勉強することで知識を定着させます。パート6も同様に1題につき2分と考えて、「8分以内」に解答できるように勉強しましょう。もしも、800点以上取得したい場合、熟語、コロケーションのパターンを覚えて、解答スピードを高めることが大切です。そのために私は「TOEIC®TEST語彙・熟語・コロケーション1000問ドリル」を使用していました。

問題をたくさん解く
▶パート7勉強法

パート7の勉強に近道はありません。とはいえ、リスニングの勉強を行っていれば、自然と文章を読むスピードが上がってきます。あとはボキャブラリーを増やすか、設問を読み、解答に必要な文章だけ読むといった習慣を身につけるだけです。そのような習慣を身につけるにはひたすら問題を解くしか方法はありません。

公式問題集のパート7の問題を、正解を覚えてしまうほどに取り組んでいる場合、パート7に特化した問題集を購入して勉強するほうがよいです。模擬試験が複数収録されている本、価格が安いわりに長文問題がたくさん収録されているけれど本番の試験のレベルとずれている本などは避けましょう。

《おすすめ問題集》

□ 極めろ!リーディング解答力 TOEIC® TEST Part 7

パート7のパターンが身につきやすくなる例題384問、実践問題が108問収録されています。

□ 解きまくれ! リーディングドリルTOEIC® TEST Part 7

テスト8回分（シングルパッセージ224問、ダブルパッセージ160問）の問題が収録されています。

□ イ・イクフン語学院公式厳選ドリル〈Vol.1〉TOEIC® TEST リーディングPart7

テスト8回分（シングルパッセージ56問、ダブルパッセージ40問）の問題が収録されています。

常に設問が2題あれば2分、5題あれば5分というように時間を意識して取り組みましょう。

〈付録2〉

800点以上を目指す勉強法

TOEIC800点以上取得すると、公式問題集で勉強するだけでは足りなくなります。800点以上になると点数の伸びが鈍くなり、特に860点、900点の壁があります。私は860点以上を取得するまでに5ヵ月、920点を取得するまでに1年ほどかかりました。

スコア推移

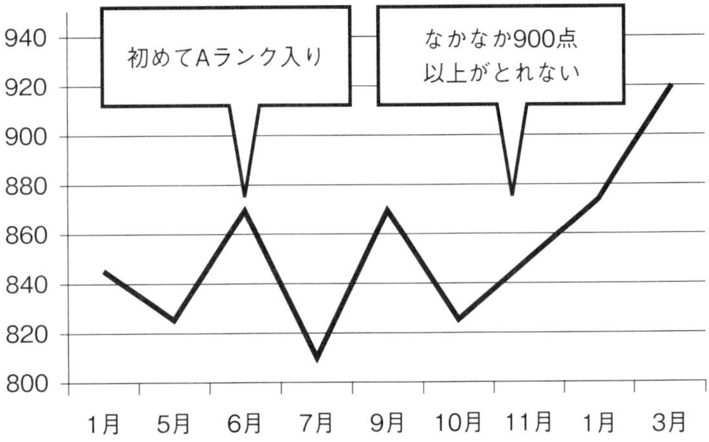

たとえ無理せずに勉強していたとしても、800点台に約1年間とどまっていれば、「900点以上取得するのは無理ではないのか」と不安になったこともあります。とはいえ、資格試験の勉強をしていると3つのことに悩まされるものです。

「現在の勉強法でよいのだろうか（不安）」
「一生懸命勉強しているのに得点が伸びない（焦り）」

「同じことを勉強していてつまらない（飽き）」

壁にぶつかっているのはあなただけではありません。Aランク（860点以上）を目指すのであれば、点数が思うように伸びなかったとしても、モチベーションを維持し、TOEICの勉強を継続してください。

一番よくないのはブランクを作ることです。もしも、TOEICの勉強に不安、焦り、飽きを感じたら、TOEICに特化した勉強から一度離れるのもよいでしょう。ともかく、どのような方法でも構いません。1日20分以上英語に触れるようにしてください。

できれば、ただ英語に触れるのではなく、なるべく自分の弱点を克服するように勉強することが大切です。そこで自分のTOEICのスコア表を見ながら、どのパートが点数をとれないのかを分析し、重点的に苦手な部分を勉強しましょう。

《 LISTENING 》

	パート
短い会話、アナウンス、ナレーションなどの中で明確に述べられている情報をもとに要点、目的、基本的な文脈を推測できる	1, 2
長めの会話、アナウンス、ナレーションなどの中で明確に述べられている情報をもとに要点、目的、基本的な文脈を推測できる	3, 4
短い会話、アナウンス、ナレーションなどにおいて詳細が理解できる	1, 2
長めの会話、アナウンス、ナレーションなどにおいて詳細が理解できる	3, 4

《 READING 》

	パート
文章の中の情報をもとに推測できる	7
文章の中の具体的な情報を見つけて理解できる	7
1つの文章のなかで、または複数の文章間でちりばめられた情報を関連付けることができる	7
語彙が理解できる	5, 6
文法が理解できる	5, 6

スコア表では評価項目にどのパートが該当しているのか、正式には公表されないため目安にしてください。本番の試験を受けていれば、どのパートが解けなかったのか、つまり、苦手なのかは感覚的にわかるかもしれません。**自分の弱点を把握するには本番の試験を受験した後、ノートに記入しながら反省するのもよいです。**

私の場合、リスニングではパート2、パート3、リーディングではパート5が苦手でした。パート2は文章が短い問題が30題もあるため、半分ぐらい過ぎたところで、いつも集中力が切れていました。パート3も同様です。どちらにも共通するのが「短い会話のやりとり」です。800点以上取得した後はパート2～3を重点的に勉強しました。パート5はいくら勉強しても、自分の知らない単語が出てくることもあり、解答するスピードを速くする以外に対処しようがありませんでした。

仕事では「強みを伸ばしたほうがよい」「強みを活かして仕事をしたほうがいい」と言われることもありますが、**TOEICで高得点を取得するには「弱みをなくすこと」が大切です。**次のページからは、TOEICの勉強に効果的な方法についてランクを付けて紹介します。もしも、私が「☆☆☆」の方法に特化した勉強をしていたとしたら、もっと早く900点を取得できたように思います。

他の問題集を使用する（パート1～7）　☆☆☆

何回も繰り返して公式問題集を勉強していると、問題の順番を覚えてしまう、すぐに答えがわかってしまうなど勉強の効果が薄くなっていきます。そこまで勉強するのは素晴らしいですが、TOEICの点数はなかなか上昇しません。そのため、新公式問題集以外の問題集に取り組みます。

TOEICの問題集を選ぶ基準は「著者がTOEICの試験を受験しているかどうか」です。稀に全く受験経験がない著者が書いている場合があり、実際の問題のレベルとかけ離れていることがあります。TOEICの問題の質は新公式問題集にかないませんが、以下の本は著者自ら試験を受けて、問題を研究し尽くしているため、質の高い勉強ができます。あなたが800点以上であれば、たくさんの問題をこなしながら「弱点」を克服することで点数がアップします。私が実際に使用した本の著者と本を紹介します。

1 キム・デギュン「TOEIC®TEST キム・デギュン 本気のリスニング200問」「TOEIC®TEST キム・デギュン 本気のリーディング200問」

1997年からTOEICを一度も欠かさず受験したTOEIC最多満点講師。一番のおすすめは「TOEIC®TEST キム・デギュン 本気のリスニング200問」「TOEIC®TEST キム・デギュン 本気のリーディング200問」です。2009年に韓国で発売されたものを翻訳したため、TOEIC®テスト新公式問題集のレベルより少し簡単な印象がありますが、パート別の傾向を分析したコラム、よく出る表現集は参考になります。

❷ イ・イクフン「解きまくれ!シリーズ」

韓国で170万部以上のベストセラーとなった「解きまくれ!シリーズ」で有名な著者です。どの問題集も大量の練習問題が収録されているため、たくさん問題をこなしたい人におすすめです。問題の難易度は公式問題集よりも少し難しい印象があります。パート別に発売されているため、自分の弱点となるパートの本のみ購入するとよいでしょう。

❸ 花田徹也「TOEIC®テスト超リアル模試600問」

韓国の著者の本よりも問題の難易度がやさしいかもしれません。TOEICの問題集は試験問題の冊子、解答のみの冊子が分かれていて、分厚いテキストが多いですが、本書では解答・解説のテキストが3冊に分かれていて、とても持ち運びやすくて使いやすいです。また、問題ごとに正答率が表記されているため、自分のレベルがわかるのもよい点です。

ゲームソフトを利用する（パート1～7）　☆☆☆

「時間がとれない」「どうしてもやる気が起きない」「何度も同じ教材で勉強しているので飽きてしまった」という人にはTOEICのゲームソフトがおすすめです。ゲームのよい点は問題が次々と自動的に出題されること。自分を勉強する状況に追い込むことができ、選択肢の順番も変わることから新鮮な気分で問題を解けます。

私は「もっと TOEIC® TEST DSトレーニング」を利用し、「実力テスト」に取り組んでいました。約10分程度でパート1からパート7まで、すべての問題を解くことができます。予想スコアも算出されることから、気軽に模擬試験を受けるようなものです。目標スコアがとれないと悔しくなり、より一層勉強に身が入ります。

苦手なパートを克服するために、リーディングのスピードが遅かったときには「実力テスト（10分）」「リーディング問題（10分）」に取り組んでいました。1問ごとに解答時間が計測されるため、自分の解答スピードが常に体感できるのがよいです。唯一の問題は、リスニングの音質が悪いこと。「最悪な環境でリスニングの試験を受けている」と思って取り組めば、リスニング力も鍛えられます。

倍速で聞く
（パート1～4）　☆☆☆

何度もリスニングの問題を解いていると飽きてくるものです。たいていストーリーの展開が読めてしまい、「答え」が予想できてしまうからです。少しでも予想ができないようにするためにリスニングの問題を「倍速」で聞きます。

私はICレコーダー（SONY ステレオICレコーダー ICD-SX713 4GB）を使用していました。再生するスピードを3倍まで調整できるだけではなく、新公式問題集のCD、他のTOEICの問題集のCDをすべて取り込んでも大丈夫なほどメモリーの容量が多く、とても便利です。

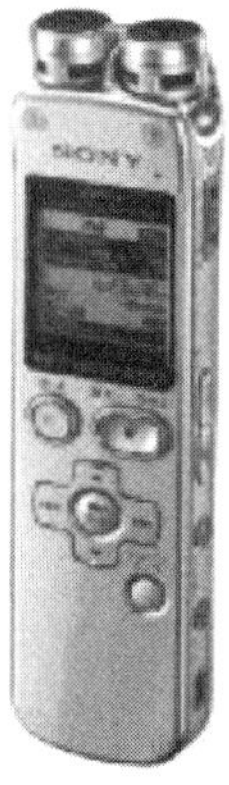

SONY ステレオICレコーダー ICD-SX713 4GB

今まで聞き取れていた問題を倍速で聞くとなるとなかなか聞き取れません。確実に聞き取れる文章のみ聞こえます。反対に勘を働かせる、予想をするなどして聞いていた文章は聞き取れなくなります。すると、今まで解いてきた問題であっても新鮮に感じるようになります。

もしも、あまりにも音声が速すぎて聞こえない場合は「1.3～1.5倍速」で聞くことをおすすめします。倍速で繰り返しリスニングしていると、次第にそのスピードに慣れるようになります。現在、私は常に「1.5倍速」で聞いています。

反対に通常のスピードの音声を聞いたときに、とても遅く感じます。すると、問題について考える余裕が生まれます。本番の試験では緊張や焦りの影響を受けてしまい、問題が速く聞こえてしまう傾向にありますが、臨機応変に対処しやすくなります。

特に問題の答えがわからず焦ってしまったとき、次の問題に落ち着いてのぞむことができるようになりました。そのため、私はリスニングの点数が伸び悩んでいたころ、倍速でリスニングすることで点数をアップさせることができました。

洋楽を歌う
(パート1〜4) ☆

英語のリズムを覚えるのに有効なのが「洋楽を歌う」こと。文字量も少なく、簡単な単語が使用されているため、気軽に勉強できます。その分、しっかりと発音を意識して歌うことが大切です。例えば、自分の好きな歌の歌詞を調べて、プリントアウトし、辞書で発音記号を記入するとよいです。もしくは、すべてデータで作成し、歌詞をワードにコピーアンドペーストをして、英語の辞書サイトで単語を調べながら、データに発音記号を貼りつけて作成することもできます。発音記号をメモ帳で保存すると、文字化けしてしまうためワードデータで保存するとよいです。

実際、私はoasisの「Don't Look Back In Anger」の発音をすべて調べました。同じフレーズがあり、文字量が少ないため、約20分程度ですみました。とはいえ、あまりにも短時間に英語の辞書サイトで単語を調べすぎて、サイトからスパムと勘違いされ、単語が調べられなくなることもありました。

(例) Slip inside the eye of your mind
[slíp] [ínsáid] [ði] [ái] [əv] [jər] [máind]

少しでも歌い慣れてくると快感になってきます。いつでもどこでも気軽にできる勉強法です。

動画で勉強
（パート3～4）　☆

WEBでは動画で生の英語を聴くことができます。ただずっと見ているのはつらいため、なるべく時間が短い動画で勉強します。そこでTOEICの勉強に活用できるサイトを紹介します。

「HOWCAST（http://www.howcast.com/）」

恋愛、健康、ビジネスなどありとあらゆるハウツー（ノウハウ）の動画が配信されています。動画の時間はたいてい1～2分程度。TOEICのパート3やパート4と同じぐらいになります。動画を活用する方法を紹介します。

1 動画を見る

日本語の字幕は表示されませんが、動画を見て、内容を聴き取ります。画面下にある英文をそのまま見るか、もしくは、英文をワードファイル、メモ帳にコピーアンドペーストして、プリントアウトします。わからない単語を辞書で調べてチェックします。その際、インターネットの英和辞典（例：goo英語）を活用すると効率的です。

2 動画を聞く

わからない単語がわかれば、内容も把握しやすくなっているはずです。あとは内容を把握できるまで繰り返し聞きます。何度も音読するのもよいです。

もしも、時間に余裕があれば「TED（http://www.ted.com/）」もおすすめです。学術・エンターテイメント・デザインなどさまざまな分野の人が行った講演（動画）を配信したサイトです。英語の勉強だけではなく、プレゼンテーションの勉強にもなります。

WEBニュースを読む

（パート7）　☆☆

リーディング力をつけるためにはなるべく長文を読むこと。英語関連の書籍・雑誌を読む、英字新聞を読むなど方法はありますが、一番お金がかからず、気軽に読めるのがニュースサイトです。

「毎日JP（http://mainichi.jp/english/english/index.html）」

毎日新聞が運営しているニュースサイトです。「News」「Perspectives」「Features & Entertainment」の3つのジャンルに分けて記事を紹介しています。実際に日本のニュースを和訳したものもあり、比較的内容をイメージしながらニュースを読むことができます。また、記事によっては日本語訳を見られるもの

もあります。

WEBのニュースはページの大きさが限られているため、記事の文字量がパート7と同じくらいです。できれば、リスニングの練習（パート4の対策）もかねてリズムをつけて声に出して記事を読むと、より勉強になります。あたかもニュースキャスターのようなイメージで読むとよいでしょう。

あなたがパソコンを立ち上げて、WEBサイトを開くとき、どのページが最初に目に入るでしょうか。日本語サイトかもしれません。少しでも英語を意識するようにホームページを英語で読めるニュースサイト、英語サイトに変えるのもよいです。インターネットでサイトを見ようとするたびに英語が目に入ってきます。少しでも英語サイトを読む習慣が身つけば、TOEICのリーディングの練習になります。

海外ドラマを見る
（パート1～4）　☆

海外ドラマを見るメリットは勉強と感じないこと。他の勉強法と比べて、一番取り組みやすいかもしれません。さらに、英語のリズム（速さ）に慣れることができる、俳優のセリフが聞き取れると自分の成長を実感できるなどメリットがあります。

基本的に海外ドラマは放送時間が短く、1話当たり40分ほどです。DVDの倍速機能を使用すれば20分で見ることができます。どのような海外ドラマを見ても構いません。「TOEICに活かせるかどうか」「仕事をテーマとしたドラマであるか」など気にせず、自分が「面白い」と思う作品を見ましょう。とはいえ、日常生活をテーマとした海外ドラマのほうが専門用語が少なく理解しやすいかもしれません。おすすめの海外ドラマを紹介します。

《日常生活をテーマとした海外ドラマ》
「The O.C.」「アグリー・ベティ」「glee」「OneTree Hill」
「トゥルー・コーリング」「グレイズ・アナトミー」「Lie to me」

《非日常をテーマとした海外ドラマ》
「24」「プリズン・ブレイク」「LOST」「スーパーナチュラル」
「THE 4400」「HEROES」「ターミネーター」「カイルXY」

ほとんどの海外ドラマはシーズン1、シーズン2、シーズン3というようにシリーズになっています。海外ドラマを見るときには同じ話を繰り返して見るよりも、第1話から最終話まで一通り見ましょう。そして、再度、同じように見ます。もしも、シリーズになっているのであれば、シーズン1、シーズン2、シーズン3というように順番に見るとよいです。そのように見ているうちに前のシーズンの内容を忘れ、もう一度同じ話を見るときには新鮮な気持ちで見ることができます。

時間に余裕があり、より一層海外ドラマを勉強に活用したいのであれば、同じ話を2日にわたり、2回繰り返して見ましょう。1回目は字幕なしでドラマを見ます。いかに自分が聞き取れないかを認識し、「知りたい」という意欲を高めます。その次の日に「英語字幕」で見ます。そうすることで映画やドラマで得た知識が定着します。まだ、リスニングに自信がない人は3日目に「日本語字幕」で内容を把握するとよいでしょう。ただし、英語を日本語で理解する作業は英語の勉強の邪魔になります。日本語の字幕はできるだけ見ないようにしてください。

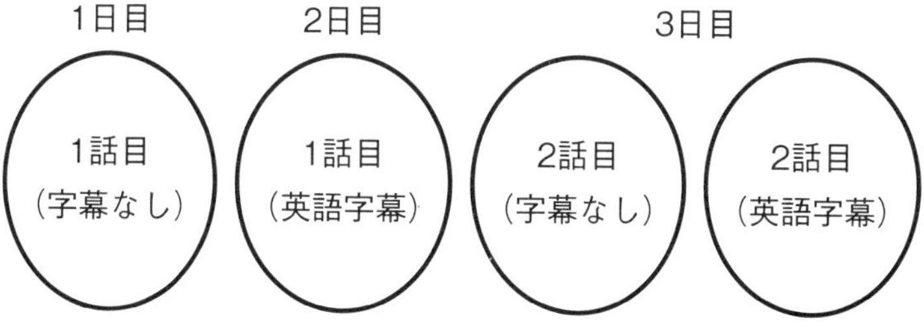

あとがき

よく「TOEICの点数がよいからといって英語が話せるわけではない」と言われることがあります。実際に私はTOEIC920点を取得してみてそのように思いました。

とはいえ、少なくとも昔の私よりも英語のニュースが読みやすくなり、洋画や海外ドラマを見ても、何を話しているのかだいたい理解できるようになりました。自分の知っている単語、台詞を聞き取れたりするとうれしいものです。また、相手が何を話しているのかわかると心に余裕が生まれ、以前より英語が話しやすくなりました。

TOEICのよい点は語学のレベルが「点数」で把握できること。資格試験の場合、どれくらいのレベルなのか正確にわかりません。TOEICは何度受験しても、多少の誤差はあるものの、自分の英語のレベル（特に聞く力、読む力）が把握できます。

経験に無駄はありません。TOEICの勉強で学んだことをこれからどのように活かすかが大切なのではないでしょうか。そのため、最初はTOEICの点数を取得することが目標であってもよいと思います。勉強しているうちに「英語を話せるようになる」「ビジネス文書を作成できるようになる」といったように目標を変えればよいのです。もちろん、最初から将来の目標があれば、より充実した勉強ができるのは言うまでもありません。

TOEICは語学の勉強のきっかけ作りにはとてもよい試験で

す。もしも、まだ受験していない人がいたら、一度でも受験してみてください。まず、行動することが大切です。本書があなたのTOEICの点数アップにつながり、そして、仕事で活躍できるチャンスが増えることに貢献できれば幸いです。

田口久人

〈感想はこちらへどうぞ〉

mail: info@job-forum.jp

twitter: taguchi_h

facebook: hisato. taguchi

田口久人（たぐち・ひさと）

ヤングキャリアコンサルタント。慶應義塾大学卒業後、広告代理店、キャリアコンサルタントを経て、人材教育会社に勤務。今までに2000人以上の学生を個別指導し、「いかにその人の魅力を引き出すのか」を追求し続け、NLPを活用した独自の目標達成セミナー、就職セミナーなどを開催。TOEIC920点。
米国NLP™協会認定マスタープラクティショナー、JIPCC認定キャリア・コンサルタント、プロフェッショナル・キャリア・カウンセラー。
著書には、『受かる！自己分析シート』『今度こそ「なりたい自分」になる夢ノート』『受かる！面接力養成シート』（以上、日本実業出版社）、『内定の常識』（ダイヤモンド社）、『大学時代を後悔しないための52のリスト』（さくら舎）などがある。
ファンサイト：http://www.facebook.com/naitei

TOEIC®テスト20分《ぶん》間《かん》勉《べん》強《きょう》法《ほう》
たった3ヵ月《げつ》で805点《てん》！
1年《ねん》で920点《てん》！

発行日　2012年11月10日　初版第1刷発行

著者　田《た》口《ぐち》久《ひさ》人《と》

発行者　古屋信吾

発行所　株式会社 さくら舎　http://www.sakurasha.com
〒102-0071　東京都千代田区富士見1-2-11
電話（営業）03-5211-6533
（編集）03-5211-6480
FAX 03-5211-6481
振替 00190-8-402060

装丁　アルビレオ

本文組版　朝日メディアインターナショナル 株式会社

印刷　慶昌堂印刷 株式会社

製本　大口製本印刷 株式会社

ISBN 978-4-906732-24-1